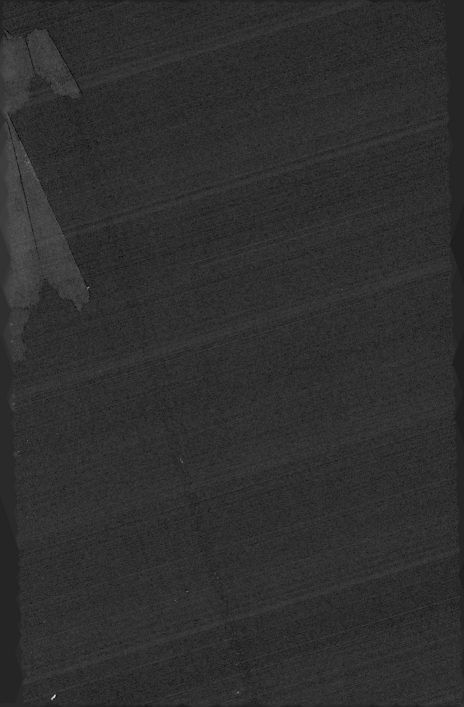

男の美学

ひとり 斎藤一人

女の美学

斎藤一人
舛岡はなゑ

ぴあ

はじめに

この本を手にとっていただき、心から感謝いたします。
斎藤一人さんの弟子、舛岡はなゑです。

一人さんとともに『男を上げる女 女を上げる男』を書いて3年。
大好評だったこの本に続き、「男と女」シリーズの第2弾となります。

この本では、一人さんからは仕事、人間関係の美学を
私からは自己愛、美しさの美学をお伝えしています。
軽くて、楽しい成功の法則です。

そして、この「はじめに」では、私が今、目指している

「生き方の美学」をお話ししますね。


私は一人さんの教えのおかげで、豊かさも、仕事も、仲間も、人生の美しさもすべてのものを手に入れました。

今は、イヤな人はひとりもいないし、イヤな出来事は何ひとつ起こりません。

たとえ、イヤな出来事があってもその対処方法を知っていますし、いい方向へもっていくことができるようになっています。

どんなときでも、常に幸せを感じることができるし、「未来は明るい」と信じています。


そんな私が今願うのが、この星をキレイにして、幸せな人が増えること。

これこそ生きるうえでの「美学」なんです。


今、多くの研究家が地球の危機を訴えています。

こういう話を聞くと、不安になる人もいるのかもしれません。

でもね、大丈夫です。

愛と感謝の波動を出す人がいれば、地球は大丈夫なんです。

それには、〝ひとりひとりが自分の人生を楽しく生きる〟ことなんです。

好きなことをいっぱい楽しむ
我慢をしない
おしゃれをしてキレイになる
美味しいものを食べて、心も体も満足する
大好きな人と遊ぶ
自分を愛して、他人を愛する

こんなふうに人生を楽しむ人が、ひとりでも多くいれば
この星は守られるんです。
この星は喜び、元気になります。

人生を楽しめるキラキラ輝いた人を増やすことが
私の役目と感じています。

私たちみんなの光で、この星は守られています。
あなたの愛と光に感謝いたします。

斎藤一人名代

舛岡はなゑ

もくじ

第1章

斎藤一人

仕事の美学
~一人流・成功の秘訣とは~

第2章

舛岡はなゑ

自己愛の美学

〜自分を好きになるために〜

第3章

斎藤一人

男と女の美学 〜お互いを高めあう関係の大原則〜

第4章

舛岡はなゑ

キレイの美学

～見た目も心も磨いて幸せに～

本書には「神様」という言葉が繰り返し出てきますが、ここでは、私たちの命を創造した「大いなるエネルギー」を指しています。特定の宗教における神様ではありませんので、そのことをお伝えしておきますね。

第1章

斎藤一人
仕事の美学
〜一人流・成功の秘訣とは〜

誰が見ても汚れていない「キレイな仕事」をするように心がける

どこから見てもキレイに見える仕事をすること。オレの仕事においての「美学」は、これに尽きるね。

汚いことをして得た仕事は、後から必ずわかるもんなんだよ。今も汚職とか、詐欺まがいの投資とか、さまざまなことがニュースにもなっているけれど、あくどいことをすれば、いずれ暴かれることになる。そんなことは絶対しちゃダメなの。

正当なルートで、みんなが喜ぶような仕事がしたいんだ。

そして、税金はきちんと払う。これって当たり前なんだけどね。

一人さんが全国高額納税者番付で一位（１９９７年・２００３年）になったのも、節税とかしてないからなんだよね。稼いだ分だけ、国に税金を払っただけで、それって、偉いことなんかじゃないよ（笑）。

でも、税金をごまかして逃れようとする人もいる。もちろん、上手に税金対策するのはいいんだよ。だけど、オレはそういうこともしたくないんだ。国が決めた通りにきちんと払う。これが一人さん流の考えなんだ。

政府も一生懸命やっているんだよ。政治家だって、税務署の人だってがんばっているの。完璧な人はいないからね。だから、国に「税金が高すぎる」なんて文句なんかないんだ。

特に日本って国は、きちっとした国だよ。新型コロナ感染症、円安、災害と国難が続いているからこそ、いいものを作って、たくさん売って、税金を納める。それがオレの仕事なの。

オレはあんまりお金に執着してないんだよ。もし、執着していたら、まず節税しているはずだよね（笑）。

自分がいくら稼いだか、いくら持っているかも知らない。税理士さんしか知らないんだよ。

借金しないで、仕事をして、つつがなく過ごせれば、商人はそれでよしなの。

それに、一人さんはそんなにお金を使う人じゃないからね。何年でも生きていけるお金はあるんだ。

そう言うとかなりの金持ちに思われるけど、オレは日ごろからお金がかからないんだよ。定食屋が好きだし、そばとか、ホットドッグとか、そんなものが好きだしね。さほど贅沢もしないし、使いもしない（笑）。

高級な料理も、もちろん好きだし食べるけどね、見張られるのがイヤでね、気を遣っちゃうの。だから、頻繁には行かないんだ。

「お金持ちになるためにどうすればいいですか？」ってよく聞かれるけれど、お金に好かれないとダメだよね。一人さんは、お金に対して愛情を持っているんだ。だから、お金が集まってくるんだと思うよ。

お金に好かれるためには、まず自分がお金を好きにならなきゃいけない。

小銭を机の上に置きっぱなしだったり、お札をくしゃくしゃにしてポケットの中に入れるような人は、お金を粗末にしているよね。

また、食べる分しか稼いでいないのに人におごったり、お給料に見合わない高級品を買い込んでしまう人は、お金をうまく使えていない。せっかく稼いだお金を無駄に使っていることになる。

お金を大切にする人、上手に使える人が、お金を引き寄せることができるの。

キレイな仕事をすれば、キレイなお金を得ることができる。人生を成功に導くためにはね、なにより、「キレイに生きる」ことなんだ。

起業するなら、ひとりから始める

一人さんはね、サラリーマンの経験がないの。だから、起業している人や自営の人のことしか、わからないんだ。なので、ここでは、起業したい人、独立したい人に向けて話をするね。

まず、起業するなら、**「自分ひとりで起業して、売り上げが上がっても少人数で、確実に利益を上げること」**を考えてほしいと思っています。

一人さんが〝ひとり〟から始めて、うまくいったからね。まずは自分だけで、やってみた方がいい。

オレは、もともと人をたくさん使うのが好きじゃないの。昔、よく映画で、社長が来たらずらっと社員が並んで出迎えるシーンがあったんだよ。自分がそういうのをやられたら恥ずかしいだろ？　威張ってる感じでイヤなんだ。だから、従業員も少ない方がいいと思ったの。

デカいビルとかもいらないの。だって、死んだらビルも会社も持っていけないからね（笑）。一人さんの事務所には、社長室はおろか専用の椅子だってない。会社へ行くことはほとんどないから必要ないんだけどね。

お弟子さんの中には、「会社に行かない一人さんってかっこいい」って言ってくれる人もいるけど、これがオレの考え方なんだよね。

お弟子さんたちが「まるかん」の仕事を始めるとき「まずは、誰も雇わずひとりでやりな」って言ったんだ。

ひとりでやると、自分で何でもやらなきゃならない。やりたいと思って始めたことだって、いろいろ雑務はあるんだよ。経理だって宣伝だって掃除だって、すべて自分でやらなきゃ仕事にならないんだ。だから、いろいろ学べるし、すべてやることで自信もつくんだよ。

それに加えて、ひとりでやってきた〝貫禄〟ってものが出てくるんだよ。

それから、仕事が軌道に乗って人を雇ったときも、その人に「オレがいなきゃ社長は何にもできない」なんて思わせちゃダメなの。

大将は強くなくちゃいけないんだ。そのためにも、まずは自分ひとりで始めて、自信をつけることだよね。

ただし、威張っていいってことではないよ。

また、少人数で利益を上げるコツは、喜ばれるものを作って、喜ばれる会社になることだよね。利益を上げるって、それしかないんだよ。必要とされれば、会社も商品もなくなることはないんだ。

うちの会社の場合、5人しか従業員はいないけど、社員を選んだことはないの。いつの間にか集まってきちゃった。

オレは〝うちには優秀で、いい人しか来ない〟と思い込んでる。この思い込みだけで、働き者で性格のいい人が集まってきちゃうんだよね（笑）。

昔々、創業当時はね、社員が箱詰めをしたり、パッケージのフィルムを貼ったりしていたんだ。そんな中、箱詰めする機械を売る人が来たんだよ。その人の目の前で、社員がフィルムを貼っていて、それを見てフィルムを貼る速さに驚いて、「機械より速いですね」って目を丸くして、機械を売らずに帰っていったことがあったんだ。

もう昔の笑い話だけど、それくらい社員さんたちは有能だったの。段ボールだってカッターを使わず、手で開けちゃうくらいにね（笑）。

社員が優秀なのはもちろんだけど、会社は、やはり大将で決まるものだよね。社長の個性が大事なの。

以前、ある人から「優秀な人間を他の会社から引き抜いたらどうか」とアドバイスをもらったことがある。でもね、優秀な人間って、その会社でも必要なんだよ。必要な人材を引き抜くなんてできないよ。

それに、オレは常に〝うちにいる人が世界で一番優秀だ〟と考えてるの。優秀な人を集めるのではなく、人って誰もが優秀なの。個で優秀な人を集めたら素晴らしい会社になるというわけじゃない。集まってきた人が強いの。小さい会社でも、5人の社員でも、日本一になることを考えればいい。実際にオレはなれたからね。

うちの社員は「会社は私たちが守りますから、一人さんは安心して旅をしててください」といつも言ってくれる。本当に愛にあふれる優秀な人たちなんだ。

どんな人こんな人ではなくて、集まってきた人が優秀だと思っている。

これはオレの熱烈なる個性と言えるね。

あの人が欲しい、この人が欲しいと言っていたら、試合にならないんだよ。そんな理想通りの環境は誰も与えてくれないんだ。オレは少数精鋭が好きなんだよ。ただね、「少数精鋭」という言葉は間違っているな。

「少数にすれば、だれでも精鋭になっちゃう」って言いたい。

「やる！」ってついてきてくれた人間はみんな精鋭なんだ。

大将が代わると、みんなの意識が変わってくる。誰が指揮をとるか、誰がリーダーになるかでまったく変わってくる。

上杉謙信も、上杉謙信がいるときは無敵だったんだよ。そっくりそのまま軍隊を受け継いでも、隊長が代わっただけで華々しい活躍をしなくなっちゃうんだよ。

事業っていうのは、一代の夢だよね。

オレは、人が1000人かかってやるところを、5人でやりたいの。5人で始めて、売り上げが10倍、100倍となった。だけど、普通なら人も10倍、100倍に増やしちゃう。それをそのまま5人でやりたい。それがオレの夢であり、レジャーなんだ。

人ができないことを汗水たらさず、涼やかにさらっとやるのが、一人さんの仕事の流儀なんです。

仕事とは知恵を出すゲーム

仕事では経費をかけないというのも、一人さんのこだわりだ。無駄な経費をかけないって、当たり前のことだと思うけど、ついお金をかけちゃう人がいるんだよ。自分の欲しいものにお金を出さないというわけじゃないよ。ただ、仕事というのは、知恵を出すゲームだから、必要以上のお金を出しちゃダメなんだ。

お金をかけないでどれだけ利益を出すか。これがすごく面白いんだよ。

天国言葉（ｐ１２５）のようないい言葉をお店で使うとか、とびきりの笑顔を見せるとか、元気な声で挨拶するとか。これなら、やろうと思えば今すぐできるよね。事務所ならキレイに掃除をする、店舗なら説明書きのポップを作る、接待業ならお客様のいいところを褒めるように心がける……お金をかけずにできることはいっぱいあるの。とにかく探してみることだよね。

経費がかかっているときは、知恵が出てないということなんだよ。見栄なんかいらないんだ。

表通りの借し店舗と裏通りの借し店舗があるなら、人通りの少ない裏通りで挑戦してみるの。その方が家賃も安いだろ？　そこから知恵を出して利益を上げていく。これって面白いゲームだろ？

ダメな人は、お金を出して、知恵を出さないから失敗しちゃうんだ。

うちの会社は、創業当時から事務所はずっと同じ場所だよ（笑）。何十年も同じ大きさで、同じ建物の中。会社が大きくなったら、場所も広さも大きくしようと見栄を張る社長がいるけど、そんなこと会社経営には必要ないって、一人さんは思っているの。これもオレの美学だね。

「仕事はゲームだ」って言ってたら、不謹慎だと言う人もいるんだよ。でも、よく考えてみてほしい。野球選手でも、サッカー選手でもゲームを楽しくやってるだろ？　これは正真正銘の仕事だからね。ゲームのように楽しむことが大事なんだ。

辛いことをやるから、お金を稼げるんだって思っている人がいる。こういう考えがよくないの。

いいかい、遊ぶがごとく、仕事をしてごらん。そういう人には誰もかなわないんだよ。

「四方良し」の極意

どのように仕事をするとうまくいくかというとね、「四方良し」を守ればいいんだよ。

四方良しとは、

1お客様に満足してもらう
2自分に利益がある
3仲介に入る業者に儲けてもらう
4神様や世間に認めてもらう

この四方向にメリットがあれば、仕事は絶対成功するんです。

お客様の気持ちを考えず、自分の利益ばかり追求していると物は売れないよね。

逆に、お客様を優先するあまり、自分の利益を考えずに物を売っていたら、商売は続かなくなる。世の中のためになることでないと、人から認められないし、やがてすたれていく。

ただ、世の中、3をないがしろにしている場合が多いの。つまり、仲介する人や中に入る業者に対し、安くたたいてしまう傾向がある。困るのは中小企業なんだよね。すべてにおいて「愛」が必要だよ。自分とお客様だけでなく、中に入る業者さんが儲かって快くしてくれないと、続かないいんだ。あんまり値切っちゃいけないいんだよ。だから、よくしてくれる業者さんには、愛で応えることだよね。

相場を聞いて、相場より安くたたかない。

相手を殺して、自分だけ生き残るなんて商売人として一番やりたくないことなんだ。

今も縁があった業者さんは、オレのことを感謝してくれるの。何か相談すれば、すっ飛んでやってきてくれる。ありがたいんだよ。

よく「キレイ事ばかりを言うな」って言われるけど、汚いことばかりやっていたらいい仕事にはつながらないの。

やっぱり、人気って大切だよ。うちで働いている人って、みんなオレのファンだからね。業者さんもそうなんだ。

人間だから完璧にはできないけど、ちょっとでもキレイに仕事をしていたいよね。それが商売するうえでの美学なんだよ。そういう人は、神様もわかってくれるんだ。

「未来は明るい」それを言ってる人が本当の指導者

リーマンショックも、今度のコロナ禍も、うちの会社経営にはあまり関係なかった。今までどんな状況に置かれても業績不振にはならずにいたの。どうしてかと聞かれれば、オレは運がいいからなんだ。

「何か策を練っているんですか？」って聞かれるけど、何もしてないんだよ。自然と難を逃れているんだよね。

周りは台風やら大火事やらで大騒ぎだとしても、知らないうちに周りとは無縁の、何もないところに立っているんだ。

仕事でいえば、「まるかん」の社長仲間だって、ファンのみんなだって、お客様だって、がんばってくれたんだよ。みんなが応援してくれているんだよ。天が味方になってくれてるんだよね。社会情勢が変わろうと、機械が発達しようと、全く影響がない。これだけうまくいっていると、何か策を練っているように見えるかもしれない。だけど、努力も研究もしていないの。何か秘密があれば、みんなにも教えたいけど、何もしていないから教えようがないんだな。

ただし、秘訣はある。大将であるオレが常に「未来は明るい」とみんなに伝えていること。それだけなんだ。

悪いことがあっても、明るい未来を信じることだね。そうすれば、いい方に運ばれていくんだね。天に愛されていると、困ったことは起こらないもんなんだよ。

常にうまくいっている一人さんが言うのだから、本当だよ、信じてごらん。

どんな時代になっても世間が求めているのは、楽しさと明るさだよ。「未来は明るくなる」それを言ってくれる人が指導者なの。

具体的に何が必要かだけを知りたいなら、コンサルタントにでも聞けばいいの。

世間が求めてるものは、「明るい方だよ」って言ってくれる人なの。不安や脅しに、心を傾けちゃいけない。何があっても、明るい方を見ることなんだ。

一人さんは「この先は幸せしかない」「未来は明るい」「世の中だんだんよくなる」これを常に伝えてきたんだ。

それを言っているオレに悪いことが起きちゃいけないの。オレは奇跡を起こし続けているんだよ。

「未来は明るい」と言い続けてごらん。あなたの未来は、明るくなり、周りも明るく輝くからね。

お金があっても仕事はし続けたい

あるとき「お金が必要でなかったとしても、仕事をしたいと思いますか？」って質問されたことがある。オレは「一生仕事がしたい」って答えたね。一人さんはお金があってもなくても、仕事をしたいんだよ。何より儲からない仕事はしないしね。儲からないなら、仕事とは言わないいんだよ（笑）。

こんにゃくを売るのにも、９０円で仕入れて１００円で売る。これが商売だろ？もし、９０円で仕入れて８０円で売ったら、儲からないんだよ（笑）。これじゃ仕事とは言えないだろ？

利益が出ないなら商売とは言わない。利益が出ないなら商売は続かないから、お客様にも迷惑をかけちゃうの。

商売している側は、長くお客様でいてほしいし、逆にお客様も長くその会社が続いてほしいの。なくなると困る人がいるからね。お互いが長く付き合えることが大事なんです。

一人さんは、仕事って「楽しいゲーム」だと思っているけれど、これは一人さんだけじゃないいんだよ。**周りのみんなも儲けて、楽しくなってもらわなきゃいけないんだ。**

オレは女好きって言われるけど、実際は女性より仕事が大好きなんだ（笑）。それから、女性が好きではなく、女性に惚れられる自分が好きなの。オレが仕事もしないような男なら、女性に好かれるわけがないだろ？　汚いことばかりしてたら、女性に好かれるわけがない。だから、キレイに生きたいんだ。

もともと日本人って、死ぬまで働きたいと考える人がけっこういるの。人のために何かしたいって人がね。何もしないで、ただ生きているのはイヤだって人が多いんだよ。

ある日本の金持ちが、海外のセレブを真似て、モナコに別荘を買ってリタイアしたんだ。初めは船に乗ったり、釣りをしたり、パーティーしたり、楽しんだみたいだけど、1カ月も経たないうちに飽きちゃったって（笑）。退屈で退屈で〝仕事をしているのが一番楽しい〟って気付いたそうだよ。日本人は、そういう気質なんだろう。

外国人の場合は、ある程度お金ができたらリタイアする人がいるけど、これは考え方の違いだよね。

仕事って、うれしいストレスがあるんだよね。うまくいくかどうかドキドキしたり、失敗しないかハラハラしたり。それで人に喜ばれて自分も稼ぐことができたら、何より楽しいんだよ。

仕事は〝知恵とひらめき〟努力はいらない

「仕事がうまくいく人、いかない人の違いは何なのでしょうか？」と聞かれたら、**ハッキリ言って、〝知恵とひらめき〟と答えるね。**

〝知恵〟はね、どれだけ仕事に関して追求しているかなんだ。そのためにも好きなことを選んだ方がいいいんだよ。好きならば、苦労と感じることなく、知恵を出せるからね。

小さいお店でも、どれだけその店に知恵が詰まっているかだよね。焼き鳥屋なら、1本の焼き鳥にどれだけの知恵が込められているかなんだ。味が勝負だって言うけど、味だって知恵だからね。

人間って知恵を出す生き物なの。これは神が作ってくれたものなんだ。神様が作ってくれた通りに生きたら楽しいんだよ。

仕事を労働だと思っているからよくないんだ。知恵を出すのが仕事なんだよ。どうしたら1時間でも早く終わらせるか、どれだけ楽しいものが作れるか、すべて知恵を加えればうまくいくようにできてるの。

そして、仕事をなんとか、楽しくする方法を考えることが大事なんだ。一日8時間も働くんだから、楽しくなきゃもったいないだろ？　楽しく仕事ができれば、好きな女性に会いに行くよりも楽しくなるんだよ。

もし会社でイヤなヤツがいたら、「お前、イヤな性格だな」って言った方が楽しいんだよ。スッキリするんだよ。我慢するから、苦しくなるし、仕事も行きたくなくなるの。こうやって楽しい生き方をすればいいの。

それから、仕事において〝ひらめき〟は重要なんだ。一人さんの場合、苦労しなくてもひらめきが降りてくる。何もしなくてもひらめきがポンポン出てくるの。

ひらめきは必要だから出てくるのではなく、出てきたから必要なんだ。

どうしたら、ひらめきが出るかって聞かれても、方程式がないんだよ。式さえあれば、みんなに教えたいけど、マニュアルなんてない。

ただ、一人さんは好奇心旺盛で、いろんなことに興味があるの。そういう面で、本を読んだり、興味のあるテレビなどは見てるよね。そこでキャッチしたことを覚えていて、必要なときに急にひらめきが出てきたりするんだ。

本田宗一郎さんが、「アイデアは、苦しんでいる人のみに与えられている特典である」って言ったそうだ。ただ、本当はね、寝ないで没頭するほど、仕事が楽しかったんだと思うよ。だから、あんな偉業を成し遂げられたんだよ。

苦労しないと金持ちになれない、と思い込んでる人は多いよね。金持ちは、みんな苦労話をするけど、苦労なんて本当はいらないの。楽しんだもの勝ちなんだ。

そうそう、昔、大金持ちの石屋さんが近くに住んでいたの。その人がうちに来て長い時間、商売で苦労した話をしてたんだ。そして最後に、なんで金持ちになったかって話になった。興味深く聞いていたら、石置き場が値上がりしてその土地を売って金持ちになったって（笑）。

戦時中の仕事の苦労話を延々聞かされたけど、無駄だったみたいだ。苦労して金持ちになったわけじゃないんだから。

何にしても、楽しむことだね。楽しむって、悟りだな。

オリンピックだって、楽しんで挑んでもメダルをもらえないことだってある。でも楽しまなかったら、もっと順位は下がるんだよ。そして気持ちも下がるの。順位が何位だろうが楽しんだ方が得なんだよ。

そして、楽しいって気持ちになるには、妄想することだね。楽しいことを思い浮かべるの。いっぱい妄想するんだよ。

たとえば、渋滞して車が動かなくなっていたら、事故かなって普通の人は思うだろ？

オレは、その先にいい女がTバック姿で立ってると思うの。じゃなきゃ、こんなに車が動かないわけないって。そこに行っていい女はいなくても、今までいたんだと妄想すればいいの。

会社をどうするかも妄想だよ。「このままじゃ会社がダメになっちゃう」って思うのも妄想。「絶対うまくいく」と楽しい方向へ意識を向けるのも妄想。
ただね、怒りを持っている人、我慢をしている人は、楽しい妄想が出ないんだよ。だから、我慢を解放することも大事なんだよね。我慢を解き放つには、いくつか方法があるけど、はなゑちゃんのワーク（ｐ６０）とかをやってみるといいよね。

オレの場合はいつでも機嫌がいいの。自分の機嫌は自分でとるからね。仕事で「何してるんだよ」「ダメじゃないか」なんて怒ったことは一度もない。
そして、夢を一緒に追っている仲間が好きだよ。だから、「まるかん」の社長たちにも、社員にも過度な期待や目標設定はしないね。

仲間って助け合うもの、教え合うもの。〝聞きに行く修行〟〝教える修行〟というのがある。どうやったらうまくいくか、教えればいいだけ。いがみ合うから、ダメになっちゃう。

学校だって、答案を見せ合えば、本当はみんな100点が取れちゃうんだよ。全員で満点なら、いいんだよ。企業というのは、みんなで100点を取ればいいんだ。人はみんな個性があるからね、できないことがあってもいいの。会社なら、社員全員で100点を取れば、大成功なんだよ。

仕事は競争するより教え合って、成長していく。これも一人さん流のこだわりです。

一人さんは白いジャガーで現れた！

一人さんとの出会いは、私が20代のころ。私は病院勤務を経て、東京・新小岩で「十夢《とむ》想《そー》家《や》」と言う喫茶店を経営していました。

地元の友人が集まって夢を語り合う場所にしたい、そんな思いで始めたお店だったのに、2年たっても繁盛せず、経営は苦しい状態でした。自由気ままに、楽しく生きてきた私が、初めて味わった挫折。でも、何の対策も考えないまま、お店を続けていたのです。「いつか白馬の王子様が現れて、私を助けてくれないかな」と、のほほんと考えていました。

そんなある日、この店にひとりの紳士が白いジャガーに乗ってやってきます。まさに「白馬の王子」。その人こそ、累積納税額日本一にもなった実業家、斎藤一人さんでした。

それからは、人のいない静かなお店が気に入ってくださり、一人さんは閑古鳥の鳴く私のお店の常連客になってくれました。

一人さんは、本当に不思議で魅力的な人。お店に来ては、仕事がうまくいくための話をいっぱいしてくれました。さらに、幸せになるための法則をわかりやすく教えてくれました。これが常識を覆すアドバイスばかり。

「いい言葉を使えば、同じようにいいことが起こるんだよ」

「笑顔でいるんだよ。それだけで、人の心をつかめるよ」

「女性はキレイにして、華やかな服を着るのが仕事だよ」

「自分のことをダメなんて思っちゃいけない。自分の中には神様がいるんだから」

一人さんの言う通りに行動すると、驚くほどすべてが好転。私の店「十夢想家」も見違えるほど繁盛していきました。

この出会いを経て、私は一人さんが経営している健康食品や化粧品を取り扱う「銀座まるかん」の仕事を始めることに。一人さんの教えを実践して仕事をしていたら、江戸川区の高額納税者に名前が載るほどの豊かさを手に入れました。さらに、本を書いたり、全国各地を講演したりと、本当に楽しく、まるで遊ぶように働いています。

一人さんって、どんな人？ってよく聞かれますが、見た目はダンディーで、優しくて、カッコいい人。ジョークが大好きで、とにかく話が面白い。一人さんがいると、いつの間にか人が寄ってきて、とり囲んでしまうんです。特に女性の心をつかむのが上手。みなさんもご存じの通り、本を読んだだけで、声を聞くだけで、ファンになっちゃう、稀代の人気者なんです。

第2章

舛岡はなゑ
自己愛の美学
～自分を好きになるために～

なぜ自分を好きになれないのか？

「自己肯定感」という言葉が世の中に広まり、多くの人が自分を愛することの大切さを感じています。しかし、日本人はなかなか上手に、自分を愛せない。愛そうと思っても、否定してしまう傾向にあるんです。

「私なんか、何もできない」「人と比べて、なぜ自分はこんなダメなんだろう」「私より、まずは両親のことを考えなきゃ」「オレなんて家族から愛されていない」。何かあるたびに、自分をないがしろにしたり、否定したりします。

私は、今まで1000回以上の講演会を行い、延べ1万人以上に会いましたが、自分を否定して生きている人の多さに驚きました。

一人さんは、出会った頃、弟子の私たちに『幸せになれる方法』として、「白光の誓い」を教えてくれました。

自分を愛して他人を愛します
優しさと笑顔をたやさず
人の悪口は決していいません
長所をほめるように努めます

この誓いの最初の言葉が「自分を愛し」、次に「他人を愛する」という順番になっています。何より、一番に大切にしなければならないのが、〝自分〟ということなんです。自分を愛せないと、人のことをうまく愛せない。人間関係がうまくいかないんです。結局、誰かが我慢することになります。

もともと私は、自分が大好きで、人に何を言われても自分の気持ちを軸にして生きてきました。だから、このミッションはすぐにクリアできました（笑）。そして、みんなも同じように、自分が大好きだと思っていました。ただ、先ほども書いたとおり、「自分を愛する」ということができない人が多すぎるんです。

「自分を愛する」「自分を認める」ことができないのは、なぜなのか？　この原因を私は明らかにしたい、そして誰もが「自分を愛せる世界」にしたい、と考えるようになりました。


「自分を愛せない」という多くの人と対話をして、わかったことがあります。その共通点は、子どもの頃にできた心の傷を、大人になっても抱えていること。「お母さんが兄弟と比較した」「何かにつけて親父に殴られた」「家族に容姿のことでけなされた」「いつも自分ばかり先生に怒られた」。このように、親や先生、周りの大人から、我慢させられたり、理不尽に怒られたり、嫌みを言われたりしたことを、ずっと心の中にしまい込んでいるんです。

そのイヤな思いが、大人になってもときどき古傷のようにうずくんですね。この心の傷を、心理学では「インナーチャイルド」と言います。

心の中に溜まっているインナーチャイルドを癒すことが、「自分を愛する」ためのカギになっているのです。

自分を癒し、愛するためには、何をすればいいのか？

この世界にダメな人間なんて誰一人いないんです。みんなそれぞれ素敵で、価値ある人間なんです。みんな神様に選ばれてこの世にやって来ています。このことを〝自分を愛せない〟人に、まずは伝えたい。

そして〝自分がダメだ、自分が嫌い〟と思っていること自体が勘違い、ということに気付いてほしいのです。

神様から命という素晴らしい光をもらっているのだから、自分を愛するのは当たり前なのです。自分も神様の分身、人も神様の分身なのだから、すべての人が素晴らしい存在なんです。

なのになぜ、自分が好きになれないかというと、前項で話した通り、大概は親や周りの大人のせいなのです。浅いか、深いかは別として、人それぞれ何かしらのインナーチャイルドを持ってます。

たとえば、子どもの頃、着たいものが着られないという経験があったのではないでしょうか？

「ピンク色を着たいな」と思っても「こんな色ダメよ」「別の色を着なさい」と親に言われちゃう。頭ごなしに言われると、あきらめちゃう。結局、子どもは頭がいいから、親が何を望むか、好むかを覚えちゃう。

親の好みに合わせてばかりで自分の思うように生きてくれないから、〝自分の魂〟が自分を嫌いなんです。

小さい頃は、いい子でいないと生きていけないと思っているから、仕方なかったかもしれない。でも、「大人になったんだから、もう好きなように生きていいんだよ」と、伝えたいです。

ただ、急にそんなふうに言われても、すぐには変われないから、ちょっとずつ本当の自分を取り戻せばいいのです。

本当に驚いたことがあるんですが、講演会で「好きなことといっぱいやりなね」と言ったら、「私、好きなことがわからないんです」「楽しいってどういうことですか？」と相談に来た人がいたこと。こういう人って、家にいるときは親に対して、学校にいるときは仲間に対して、会社にいるときは同僚に対して、「何をすれば自分が好かれるか」ばかりを考えてきた人なの。それは悪いことではないのだけど、「自分が我慢をしてでも」の一文がついちゃう。

自分にとって楽しいなら、人のために尽くすのはいいんです。これは〝自分軸〟になる。

でも、「誰もやらないから、自分が我慢してやる」とか、「いつも人に合わせる」「本当は行きたくないけれど、断れない」。このように、本来はやりたくないのに、周りの人が喜ぶ行動をし、人を喜ばせるために生きる。これは、〝他人軸〟で生きているってことなんです。

本当は「ピンクが着たかった」「本当は髪を染めたかった」「本当はイヤだった」こうした「本当は」があるはず。親がうるさくなかったら、これがしたかった、あれがしたかったってことがあるはずなんです。

何も言われないところに自分を戻す。それが〝そのままでいい〟という意味なのです。他人軸のままだと、作られた自分になってしまうの。

今が息苦しい、辛い、苦しいって思うなら、すごく勘違いしている。〝そのままの自分〟でいいんです。

それが、我慢しないで、自分を大切にする生き方なんです。

イヤなことは「イヤだ」と思わないと鈍感になる

幼い頃の傷が大きいと、簡単には自分を好きになれない、自分を大切にできない。それは、みんなが幸せに生きるために、私にとって解決すべき問題のひとつでした。

ずっと親に虐待され続けていた、ある青年の話をしましょう。22歳の彼と会ったのはもう20年以上前のこと。彼にはお兄ちゃんがいるのですが、幼い頃から親に自分だけが怒られて、木に縛られたり、お風呂で逆さ吊りにされたりしたそう。

私が彼と話した印象は、面白くて、穏やかで、気持ちの強い青年でしたが、話していて、いくつか気になったことがありました。

「他人のことでは涙が出るけど、自分のことでは涙が出たことはない」と言ったこと。さらに、「あなたが大人になって子どもが生まれたら、自分の子に虐待してしまうかな？」って聞いたら、「するかもしれない」という答えが返ってきたことです。そのとき私は「えっ、殴られてイヤじゃなかったの？」って聞いたんです。すると「しつけだからしかたない」って。

彼は自分を守るために、感情がマヒしちゃったんだと感じました。だから、自分のことでは涙は出ないのではないかと。

「怒ったことないんじゃない？」って聞いたら、「怒ったときの自分が怖い。一度、頭にきて、切れてしまい、自分をコントロールできなくなった。そのときは、自分を傷つけたけど、痛さも感じなかったんだ。それが出てくるのが怖い。だから、怒りたくないんだ」って。

このとき、彼は本当の気持ちを抑え込んでいるんだとわかりました。ただ、まだその当時、私は彼を癒す方法がわからなかったんです。

彼と出会ったことをきっかけに、私は多くの書物を読み、ワークショップにも参加し、インナーチャイルドについて学ぶようになりました。多くの人と出会う中で、自己流だった癒しの方法も確立し、「癒しのワーク」ができるようになりました。

一人さんと話をしたり、多くの人と出会う中で、子どもは感受性が強いということがわかりました。

さらに、子どもって、身体が小さい分、視覚、聴覚だけではなく、経験した物事も大きく感じてしまうということもわかりました。

たとえば100人ほど入るホールが、子どもにとっては東京ドームくらい広く感じちゃう。見る景色だけではなく、親からの罵声や暴力や小言は、実際に大人が感じるより敏感に、大きく受け止めてしまう。

でも、子どもはお母さんが大好きで生まれてきているから、お母さんの言うことを聞いてあげたいと思う。何度も言われると従ってしまうんです。叱られないために、子どもだって防衛本能が働くんです。

つまり、親の形に合わせて行動し、言いなりになってしまう傾向にあるんです。その方が、叱られずにラクに生きられるし、気に入ってもらえる。好きな物も与えてもらえる。親に従うということが、習慣になってしまう。

すべてにおいて言えることですが、「習慣になると、感覚って鈍くなる」んです。

特に子どもは、強い痛みを何度も感じてしまうと、弱い痛みを感じにくくなる。つまり鈍感になるんです。そうしないと、辛すぎて生きていけないから。

麻酔とか、鎮痛剤とかと同じで、何度も繰り返すとだんだん効果がなくなっていく。痛みなのに、感じなくなってくるんです。

心の痛みも、身体の痛みも同じです。痛いのに、痛く感じなくなる。辛いというサインが出ているのに、だんだん鈍くなってそれに気付かなくなるんです。

本来なら、子どものうちから、「イヤなものはイヤだ」と言うことが大事なのです。そうすれば、そのままの自分でいられたのだから。ただ、強い親にはなかなかそれができないものです。でもね、今からでも間に合います。

「本当はイヤだったよね」「イヤなものはイヤだよね」と言う。自分を粗末にしない。これが「自分を愛する」ためには必要なことなのです。そうすれば、感覚は少しずつ戻ってきます。

〝自分を愛せる人〟を育てるために必要なこととは？

私は幼いときから、自分のことが大好きで、いつも自分の思いを大切にして生きてきました。だから中学生の頃、「自分が嫌い」という親友の言葉を聞いて、「そんな人がいるんだ」と驚きました。

誰に言われるでもなく、自然と自分を愛していた。ありのままでいられたのは、やはり両親のおかげだと思っています。

ママちゃん（私は母をこう呼びます）は、私が嫌がることを無理にさせようとはしなかったし、好きなことをいっぱいやらせてくれました。「女の子だからおとなしくしなさい」とか「女性だから料理しなさい」とか言われたことは一度もありません。だから、今でもあまり料理も掃除もしていません（笑）。

パパちゃん（父をこう呼びます）もすごく豪快で楽しい人。「勉強なんかしないで遊びに行きな」「遊ぶことが子どもの仕事だよ」って、自由でいることの楽しさを教えてくれました。

もちろん、危険なことや人を傷つけるようなことは注意されましたが、いつも私の意見を尊重してくれました。

「自分を愛せる」人を育てるために、何が必要なのか？　それは、子どもを束縛せず、ただただ愛して自由にさせてあげることなんです。

いくつかの書物を読んで知ったのですが、8〜9歳までに、その子が何を言われ、何を見て、何を思い、何を感じるかで、後の人生の性格が決まるそうです。これを〝クリティカルファクター〟と言います。

子育てをしている人はぜひ、小学3年生くらいまでは、あま〜く優しく育ててください。そして、心配するのではなく、自分の子どもを信じてほしいのです。

ある農家の方にお聞きしたのですが、ハーブや野菜って、種からいきなり畑に植えても、強く育たない。種から苗まで、とってもいい環境で優しく育てて、しっかり育った苗を畑に植えかえる。すると、どんな雨にも風にも負けず、強く育つんだそうです。

人間もそれと同じなんです。丈夫な苗になるのは、人間なら8〜9歳。この年齢までに、愛情たっぷりに育てると、〝自分が大好きで強い〟子どもになるの。励ましてくれるし、ダメ出しされない、いつも「可愛い」「大好き」「生まれてきてうれしい」と言われる環境で育てば、失敗しても「自分はダメなんだ」と思わないで、いろんなことに挑戦する子になるんです。

みんな厳しく育てた方が、強く生きると思っているでしょ? そうではないんです。ゆるゆるのゆるい環境で、甘く育てた方が強く生きるんです。

厳しい環境で、親が子どもをコントロールしていると、先ほどお話ししたように子どもは萎縮して、自分が思うように生きられなくなるの。

愛情たっぷりに、子どもが思うがままに育ててみてください。甘く育てたら我がままになると思うけど、我がままになんてなりません。

優しくて愛情たっぷりな親を見ていると、子どもも優しくなるんです。


自分が好きになれない人は、育てられ方が悪かったんだと、親を責めてしまうかもしれません。でも、親だって、周りの大人だって、完璧ではない、未熟だったんです。

でも、大丈夫。大人になってからでも、インナーチャイルドを癒して、自分を認めることができるようになります。自分を好きになれるから安心してね。その方法を次の項で紹介します。

自分を愛する「はなゑ」流ワーク

私はインナーチャイルドの本を読んだり、さまざまなワークショップへ行き、「自分を愛するため」の独自のメソッドを考えました。自分の講演会で試して、試行錯誤を繰り返し、完成されたオリジナルワークがいくつかあります。

今回は、「自分を愛する」ためにやっておきたい4つのワークを紹介しますね。一部は、私のYouTubeでワークの方法が見られます。QRコードをつけておきますので、画面を見ながらワークの方法を確認してみてください。

①絶叫ワーク

大きな声を出して、日ごろのうっぷんを発散するワークです。私の講演会では、一番盛り上がるワークです。

昔からイヤだった相手、嫌いな人を思い浮かべて、その人に向かって言いたいことや文句を絶叫します。

「うるさい、くそババー」

「バカヤロー、くそジジー」

と親への恨みを言う人が多いです。もちろん、今苦しめられている相手でも構いません。いつもは言えないことを、大声で叫んで吐き出してみてください。

「部長、お前が仕事をしろ！」

「社長のくせに、いちいち文句言うな」

このように絶叫のときは、ちょっと汚い言葉が出てしまうことも。いくらワークでも、地獄言葉（p125）を使ってしまうことに罪悪感を持つ人もいますが、本人に直接言っているわけではないので、大丈夫ですよ。気にせず、言いたいことを吐ききってしまいましょう。

心に溜まった毒を吐き出して、汚れを取る。まさにこれは「解毒」なんです。

ただ、このワークのルールは、笑いながら叫ぶこと。鬼のような形相では、怖い波動が出てしまいます。明るく笑いながら、楽しい波動で心の汚れを落としてくださいね。

場所は、山でも海でも、カラオケや車の中でもＯＫ。大声が出せるところを選ぶようにしてくださいね。

最後に、「私大好き！」「自分許しまくり」「自分って最高」と言って絶叫をシメます。自分を愛していることを自分に伝えてあげることで、なんともいえない安心感を得られるんです。

②ハリセンワーク

私の講演会でも、最近人気のワークです。お笑いの人が小道具で使う、ハリセンを使い、心を浄化するワークです。

講演会では、専用のものを配りますが、自分で作ることも可能です。Ａ４サイズ、厚さ０・３ミリほどの厚めのコピー用紙（講演会ではセキレイの「こな雪２１０」

を使います）を用意。この紙を5センチごとに印をつけ、山折り谷折りを繰り返し、じゃばらのハリセンを作ります。いろいろ試した結果、このサイズにすると、いい音が鳴ることがわかりました。

ハリセンを持ったら、イヤな相手やイヤな出来事を思い浮かべて、机や柱、床を叩いてみてください。全力で叩いても、机や床は傷つくことなく、その上心地よい音がするので、気持ちがすっきりします。体も動かすので、気分も爽快になるはず。

声を出さなくても済むので、大きな声が出せない場所で発散したいときは、おすすめです。

ハリセンワーク
YouTube

*1分44秒から
ご覧ください。

③炎の浄化ワーク

心を落ちつかせるという意味では、瞑想をすることもおすすめです。炎の前で、イヤな思いや辛い過去を瞑想しながら浄化していく、「炎の浄化」も私のオリジナルワークのひとつです。

簡単にワークの方法を説明しますね。

ろうそくに炎を灯して、その前にリラックスして座り、ゆっくりと深呼吸をします。実際、炎がなくても思い浮かべるだけでOKです。

呼吸をしながら、癒しの光が頭上に集まってくるのをイメージし、そして全身にいきわたるのを感じていきます。

そして、丹田（おへその下の腹部）から炎まで太い管がつながっていて、管を通して心の汚れが吸い込まれていくのをイメージしていきます。本来の自分ではないもの、必要のないもの、ゆるせない気持ち、悲しみ、苦しみ、憎しみ、不安やモヤモヤ……こうした黒い汚れが管を通して流され、炎によって燃やされていくのを体感します。

呼吸をするたび、汚れは浄化され、キレイになっていきます。

このように心の掃除をすると、イヤな思いを手放せて、自分を変えることができます。「自分が変わると周りが変わり、世間の対応も間違いなく変わるんだよ」って、一人さんは教えてくれています。

ひとりで静かに心を整えたいときにやりたいワークです。

炎の浄化ワーク
YouTube

④癒しのワーク

最後に、子どもの頃の自分と対峙し、心の傷やトラウマを解かしていくワークを紹介しますね。

この「癒しのワーク」は、生まれたときからさかのぼって、大人にされた辛い思い出、子ども時代のイヤな経験をひとつひとつ思い起こし、それを自分で癒していくワークです。

イヤな思い、辛い気持ちに寄り添い、「イヤな気持ちだったんだね」「それは辛かったね」「泣くのは当たり前だよ」「よく耐えたね」「本当はもっと愛されたかったんだよね」と、その頃の自分に声をかけてあげるのです。

そして、「そのままの自分でいい」「イヤな気持ちはイヤでいい」「そんなあなたを愛しているよ」と伝えることで、自分を癒していく方法です。

このワークは、心の傷に触ることになるので、辛い記憶を思い起こしてしまうこともあります。ただ、ワークを終え、自分を癒していくと「親や先生の言葉は、勘違いだった」「もっと自分を愛せばいいいんだ」「辛いことが今の私を作っている」と思えるようになっていきます。

「癒しのワーク」は、私の講演会やZOOMのワークでも行っているので、ぜひ一度体感していただければうれしいです。

私の声には、独特の癒しがあると、一人さんに言われたことがあります。この声を聞くと、安心するという人が数多くいるんですよ。ワークのほか、たくさんのYoutubeをアップしているので、よければ見てみてくださいね。

好きなことをすることで、世界を変える

自分を愛するために、今から自分が好きなことを始めてみませんか？ これは、「自分が好きになれない」という人への特効薬といえます。

行きたいところへ行き、やりたいことをやり、食べたいものを食べる。今まであきらめていたこと、我慢していたことにチャレンジするのです。

ダンスを習いたい、着物を自分で着てみたい、海外で釣りをしたい、コンサートを開きたいなど、やりたいことを思い浮かべてください。

そのためには多少お金が必要かもしれませんが、お金を工面するのも楽しいもの。外食にしていた昼食を手作り弁当に替えるとか、自宅でできるバイトを探すとか、メルカリで不必要なものを売るとか、ね。

もちろん、お金をかけず無理しない範囲で、自分を楽しませることもできます。バスに乗って、知らない街へ行って、違う風景を楽しむ。これは一人さんがおすすめの自分を取り戻す方法です。

何をやりたいか、何を食べたいかわからないという人も意外に多いんです。そんな人は、子育ても仕事も介護も忘れて、ひとりの時間を持ってみてください。カフェにひとりで行って、好きな飲み物、食べたいものを選んでみてください。誰に遠慮もいりません。お気に入りの本を読んでもいいですね。そうやって、自分だけの時間を大切にすれば、どんどん〝そのまま〟の自分がよみがえってきます。

講演会で、母親の介護を5年以上している方にお会いしました。彼女は、講演会に来られるのも久しぶり。介護を始めてから、電車に乗ることも、おしゃれな服を着ることもなかったそう。

私の講演を聞いて、絶叫ワーク（p60）を終えた後、お寿司が無性に食べたくなったそうです。すぐにお寿司屋さんへ行き、大好きなイクラを食べて、帰りの電車で気付いたのです。「今まで母のことばかりを考えて、自分を可愛がってなかった。そんな自分を好きではなかった」って。好きなことって何だろうと子どもの頃からたどっていくと、絵を描くのが好きだって思い出したのです。

「今まで親のためだけに時間を費やしてきたけれど、自分にも何かご褒美をあげなきゃって。やりたいことを我慢して介護していたことに、今初めて気付きました」と後日、話してくれました。

誰かのために尽くしていた人にとって、好きなことを始めるって、意外とハードルが高いものなんです。でも、この女性は介護をしながら、少しずつ絵を描き始めました。そして数年後には個展を開くまでに。今では絵を描くことを仕事にしています。やりたいことをやり続けると、才能が開花するんですね。そして、「絵を描くようになって、好きなことが増えて、『自分が大好き』と思えるようになった」と報告をしてくれました。

自分のやりたいことをするだけで、周りの世界が変わるんです。だから、何かひとつでも、好きなことを見つけて、自分を取り戻してみてください。

好きなことって、「自分を愛する」きっかけになるのですから。

人に相談されたときのはなゑ流ルール

私は、多くの人の相談を受ける立場にいます。本を書くときには読者からの質問をいただくし、ＹｏｕＴｕｂｅや講演会では悩み事に答えることが多々あります。

みなさんもいろんな場面で、悩み相談を受けることがあると思います。

友人から悩み事を相談された場合の、私なりの「相談の美学」をお教えしましょう。

まずは、相手を尊重する。もし私とは意見が違っていても、「わかるよ」「そういう気持ちだったんだよね」って寄り添う。すぐにダメ出しをしないということです。

私の意見を聞きたいというより、ただ聞いてほしいだけという場合が多いの。だから、まずは聞くという姿勢に徹します。

そして2つめは、自分の意見を押し付けないこと。

これは、一人さんから聞いた話です。あるとき、女性のお客様から「香水とか、装飾品とかが大好きで、ついつい好みの物を見ると買っちゃうんです。どうしたらこの気持ちを抑えられますか？」と質問されたそう。

「オレは、その女性に『よく吟味して、いい物だけを購入したら？』って言ったんだ。すると、急に機嫌が悪くなって『でも、買いたいんだからしかたないでしょ！』って逆切れされちゃったの。きっと『好きなものを買えばいいんじゃない』って言ってほしかったんだ」

それ以降、この手の相談が来たときは、「あなたの稼いだものなら、自由に使っていいんだよ。あなたの好きにしな」と言うことにしているそうです。

求めているのは、アドバイスや答えではなく、「あなたがしたいようにしな」と背中を押してくれる応援なのですね。
この話を聞いて、私も相手がラクになるような、心の重荷を取るようなアドバイスをするよう心がけています。

また、相談するときは、相談相手を選ぶように、アドバイスしています。悩み事があると、誰れかれ構わず近くにいる人に話してしまいがちです。でも、幸せになりたいと思ったら、絶対不幸な人に相談しちゃいけません。
普通、お金のない人に、お金の相談はしない。これはみんなわかりますよね。でも、幸せになる相談を、幸せではない人にすることがよくあるんです。話を聞いてもらうのはいいけど、不幸な人のアドバイスを受け取ったら、とんでもないことになっちゃう。本当に幸せになりたいなら、きちんと幸せを手に入れた人に話してくださいね。

私にとっては、一人さんが何よりの相談相手です。私を否定することなく、褒めてくれて、常に寄り添ってくれます。

そして今、私自身も一人さんのような愛を惜しまないアドバイスができたらと思っています。

〝地球を守る〟という意識を持つ

「自分を愛してないと、人のことは愛せない」

一人さんが教えてくれた言葉です。自分のことを愛してないと、人を愛しているつもりでも、実は偽りの愛になるということなんです。愛ではなく、束縛だったり、押し付けになったりするんです。

さらに、一人さんは「自分を愛でていると、自分を育ててくれたのは、親だけでなく、おおもとは太陽だってわかるんだ」という話もしてくれました。

自分の肉体を作ってくれているのは、食べ物。果物、野菜、お米、そして、動物もそうですね。そう言われてみれば、これらは太陽がないと、生きることや実ることができません。人を生かしてくれているのは、太陽。だから、昔から「お天道様、ありがとう」って言うんですね。

自分を粗末にしている人、自分はどうでもいいって思っている人は、周りのあらゆるものに感謝が湧かないんです。

まず自分を愛する、そして人を愛する。これができるようになったら次に太陽や自然、今住んでいる日本、そして地球を愛し、感謝してみてください。

あらゆるものに感謝すると、世界はガラッと変わります。とっておきの感謝の方法に「六方拝《ろっぽうはい》」があるので、これは第4章（p117）で紹介しますね。

地球に感謝するということは、〝地球を守る〟ということに言い換えられます。今、できることは、「キレイな地球を守り、豊かで楽しい場所にする」ということだと思っています。こう言うと、立派で大それたことに聞こえるけれど、そんなに大変なことではありません。

未来は明るいと思って、幸せに生きる。
未来はだんだんよくなっていると信じる。
悲観的なことを考えず、あらゆることに感謝する。

これが〝地球が喜ぶこと〟なんです。自分が幸せなら、キラキラ光るオーラが出ます。幸せオーラを出している人が増えると、地球が守られる。宇宙はそういうシステムになっています。ちょっとスピリチュアル的な表現ですが、これは一人さんが教えてくれた、とっておきの話なんです。

今、世界では戦争、感染症、核の脅威などいろいろな問題があります。メディアやSNSを見て、どうなるの？　こうなるの？　と、不安になる人も多いでしょう。でも、だからこそ、安心の波動を出すことなんです。

「未来は明るいよ」「心配なんていらない、大丈夫だよ」「なんとかなる、楽しくいこうよ」。一人さんは、いつもこんな言葉で、安心の波動を出しています。

一人さんは多くの人に安心する言葉を伝えているから、何でもうまくいくんです。

天に愛されちゃうの。

もちろん、私たち仲間たちも同じ安心の波動を出しています。そして、あなたも周りの人に、「大丈夫だよ」「絶対うまくいくよ」「未来は明るいよ」と言って、安心の波動を送ってください。

安心の波動をみんなに伝える人こそ、これからの時代、貴重な人。こういう人には、天が味方してくれるのです。

一人さんはまるで漫画の主人公

一人さんは、「まるかん」の仕事以外で表舞台に出ることは、ほとんどありません。SNSなどでさまざまな情報があふれる中、顔写真も出回っていません。これは、お仲間が情報をしっかりセーブしてくれているから。表には出たくないという一人さんの意志を守ってくれています。一人さんファンって、本当にすごいでしょ？

ただ、表に出ない分、一人さんは「架空の人物かもしれない」と疑われることも。でも、ちゃんと存在していますよ。どんな外見なのか、気になる方も多いはず。個人的には「藤竜也」さんに似ていると感じますが、「渡哲也」さんと言う人もいますね。この本の編集者さんは「舘ひろし」さんのイメージだと言っています。いずれにしても、粋でかっこいいんです。

いつもは、黒いポロシャツに黒いズボンの出で立ち。黒を選ぶのには理由があります。「いつも洋服は人に買ってもらうから、黒一色だと頼みやすいんだよ。色合わせもしなくて済むしね（笑）」とのこと。

パーティーに出席するときのスーツ姿にサングラスも素敵だし、羽織袴や万祝《まいわい》（長半纏）は惚れ惚れしちゃう。一人さんは、何でも着こなしてしまいます。

そして、私から見た一人さんの人物像は一言で言えば「漫画の主人公」のような人。いい意味で喜怒哀楽が激しくて、情に厚くて、涙もろいの。感激屋さんで、とにかく熱い！

箱根駅伝などを見ていると、必ず感動して涙を流しますし、毎日「まるかん」で行っている檄文大会（一人さんの檄文を読む大会）でも、仲間たちの懸命に檄文を叫ぶ姿に目頭を押さえています。

また、威張るヤツは大嫌い。「イヤな人からは、饅頭ひとつももらうな。魂が汚れるから」と言っていました。そして、いじめも大嫌い。いじめられた人の話を聞くと、周りを気にせず激怒するほど。いじめられた子には、「絶対、いじめは許しちゃいけない」「やられたら、警察に言わなきゃダメだ」「いじめは犯罪だからね」とアドバイスしています。「いじめは大嫌い」という自分も好きなのだそう。

いいことには全力で応援し、悪には猛然と戦う。めちゃくちゃ熱い気持ちを持っているんです。一人さんを怒らない仙人のような人だと思っている人もいますが、それは違います。ただ穏やかなのではなく、まさに漫画の主人公のような「愛あるリーダー」「正義の味方」なんです。

第3章

斎藤一人 男と女の美学

〜お互いを高めあう関係の大原則〜

女性がキレイになれば地位は向上する

まだまだ日本は、女性の地位が低いと言われているよね。現に、経済的な男女格差を表すジェンダーギャップ指数は、146カ国中116位（2022年時点）だそうだ。賃金、待遇、労働参加率、すべてにおいて女性の地位は低い。

どうすれば、女性の地位を上げることができるか。簡単なことだから教えておくね。それは、女性がもっともっとキレイになっちゃうことなんだ。

キレイな女性は大切にされるし、意見も聞いてもらえるの。キレイにしていないと、粗末にされちゃうんだ。だから、女性は自分を大事にして、キレイになることだよ。

世の中、だんだんよくなっているから、安心していいよ。パワハラとかセクハラとか、今はきちんと法律もできたしね。女性は働きやすくなってきている。

以前に比べたら、女性は随分キレイになってきているだろ？　これからはどんどん地位も向上していく。一人さんはそう思うよ。

髪を振り乱して仕事をしていてもうまくいかない、徹夜で必死に仕事をしてもうまくいかないの。とにかくおしゃれをしてキレイになるんだ。

今より少しでもキレイにして、自分を磨くんだよ。そして、「女性の方がお得だな」って、思い込むことだよね。すると、可愛がられるし、コミュニケーションもしやすくなるの。

女の人って、仕事とおしゃれを教えてあげれば、勝手に伸びていくんだよ。自分で稼いで、そのお金でさらにおしゃれしていくんだ。

今までせき止められていた流れを解放してあげれば、どーっと流れがよくなるものなんだよ。

それにね、何より女性はおしゃれにして、キレイになることが大好きなんだよ。

よく楊貴妃とかは、「栄耀栄華をものにした王の御妃になったから、贅沢してキレイになった」って言うけど、キレイな人におしゃれを教えたら自分でも稼いでキレイになっちゃうんだよ。

キレイな人に、もっとキレイになる方法を教えたら、自分で稼いで、成功しちゃうものなんだよ。

女の人は、すべておしゃれしてキレイになりたいんだよ。

いいかい、美の扉を一回開けたら、その戸を閉めることはできない。これが女性を向上させる方法なんだ。

これからの女性は今以上に強くなる

「まるかん」の、女性社長のパワーって絶大なんだ(笑)。「女性の力を発揮させるため、一人さんは何をしたんですか?」って聞かれるけど、「女性は化粧するのが仕事だよ。女性はキレイにしているのが仕事だよ」って言い続けてきたね。はなゑちゃんをはじめ、うちの女社長さんは、メキメキと華やかになり、キレイになっていったよね。それも、それぞれ個性的で、自分にしかできないおしゃれを楽しんでいるの。

それに加え、みんなには「女性は強くていい」って伝えてきた。

一人さんは女性の強さを認めたんだよね。女は弱いものという概念を打ち破りたかった。

女性が強いって感じたのは、一人さんが生まれ育った環境もあるんだろうね。

オレの家はね、親父が年中旅に出ていて、母親が会社を切り盛りしている家だったの。小さいときから、母親はてきぱき働いて、お金を稼いでいた。年に1軒の家を建てられるくらい商才があったんだよ。その姿を見ているから、女性は「すごく優秀だ」って思ってたの。男より強くて有能なのは女性なんだってことをわかってたんだ。

今はね、男の上司より頭がいい女性なんていくらでもいるの。これからは、働く環境も変わって、有能な女性が上に立つ時代になるよ。

「強い女」ってごく普通の女の人だよ。だから、もっと強くなるといいよ。ものすごく強くなるためには、自分を大事にすることなんだ。そして自分だけではなく他人へも優しくすること。キレイにしておしゃれも忘れない。強さと優しさが必要だよね。

そして、女性は自分がズルい生き物だと、わかっているといいよね。

旦那が働いた分は、すべて奥さんが管理して、旦那には子どもと同じように〃おこづかい〟をあげる。なのに、自分がパートへ出たら、そのお給料は自分が全部使っちゃう。自分の働いた分を旦那に半分あげようとは絶対思わないんだよ。

旦那が不倫して、離婚になったら、財産をすべて自分のものにしたうえで、月々の生活費もよこせって言う。

こんな強い女性を〝可愛い〟と思えてくると、男の器もグッと大きくなるんだよ(笑)。

女性に惚れられる男になる

「女を引き上げる男」が、女性にモテるし、仕事でも成功すると、以前『男を上げる女 女を上げる男』（ぴあ刊）という本で書いたんだ。

引き上げるというのは、女性を自由にさせてあげることなんだよ。

女性の方が進化しているからね、成長したいとがんばっている女性を助けてあげるのが、男の度量というものだよ。

男はね、度量が大きいことが大事なんだよ。知識を吸収して上へ上がろうとする女性を、「もっと上がれ、もっと上がれ」って押し上げてあげるの。

たとえば、彼女が「ダンスに挑戦したい」って言ったら、応援してあげればいいの。奥さんが、仕事に行きたいと言ったら「もうその年じゃ、どこも雇ってくれないよ」なんて言っちゃいけない。「やりたいことをいっぱいやりな。何でも助けるよ」と言うんです。

奥さんが仕事を始めたら「これからオレの夕飯どうするの？」じゃなく、「すごいよね。もっと上を目指しな」って褒めて、認めてあげるんです。

パートナーや奥さんが楽しもう、がんばろうとしていることを男が邪魔しちゃいけないんだ。やりたいことを邪魔するから、逃げられちゃうんだよ。

たたんでいた羽を広げさせてあげるのが、男の役目なの。広げようとした羽をたたませるような男になっちゃダメなんだ。

男は女には勝てないんです。特に、21世紀は女性が活躍する時代。女性の活躍を押し上げるような男にならなきゃいけないんだ。

そういう男に、女性は惚れるし、愛してくれるんだよ。

才能を伸ばして、魂を成長させるよう手伝ってくれる人に惚れないワケがない。

そして、これからは、男もさらに魅力を磨くことが大事だね。キレイになった女性たちは、男に褒められたいよね。しかも、どうせ「キレイになったね」って言われるなら、魅力的な男に褒められたいだろ？男だって見た目は大事だからね、キレイになる必要がある。清潔感があって、輝いていて、おしゃれのセンスもあった方がいいの。

今の男は、自分を磨かなくちゃモテないよ。

中身も大事だけど外見も大事なんだ

魅力的になるには、外見も中身も大事なんだよ。かっこよくて、品があって、粋な人に、誰もが憧れるんだ。

これはね、男性女性は関係ない。どっちも大事なんだ。人間、外見ではないというけど、自分を大事にしているとオーラが出てくる。オーラがあると、人を惹きつけるんだよ。

同じものを着るのでも着こなしってある。子どものときから言われていたけど、服に着られちゃいけないの。服を着こなさなきゃいけないの。かっこいい人っていうのは、同じ帽子をかぶってもかっこいいんだよ。

どうすればいいかって、まずはかっこいい人を見ることだよ。一人さんは、昔から映画をよく見ていたけど、スターは身のこなしが違う。素敵な身のこなしを真似することだよね。いい映画や写真をいっぱい見る。そして、いい男、いい女を研究することも大事だよね。

自分の姿を気にすること。立ち方、座り姿、話すときの手振り身振りなど、今のままでモテるのか、考えてごらん。

自分がどうしたらキレイに見えるか、研究することなんだ。

芸能人は、立ち方とか服の選び方が違うよね。いつ写真を撮ってもさまになるんだよ。常に見られ方を考えているからなんだ。

だからね、キレイになりたいなら〝自分がスターだったらどうするか〟って考えること。そう思うと、意識が変わってくるよ。

「まるかん」では、年に1度大きなパーティーがあったんだけど、女社長たちが華やかなドレスを着て、メイクやヘアも華やかにキメて、登場する。ただ、あるとき何か足りないって思ったことがあったの。

よく見ると、〝歩き方や立ち方や振る舞い〟が美しくない。そこで、みんなで勉強したんだ。服選びも大事だけど、着こなしや振る舞いも大事なんだよ。

同じ服を同じ体形の人が着ても、同じように着こなせるとは限らないんだ。身のこなしや立ち振る舞いを直さないと、美しくは見えないよね。

まずは憧れている人の真似をする。自分磨きって、楽しいんだよ。

男が惚れる男になる

「一人さんにとって、憧れていた人や、魅力的だと思う人はいますか」と聞かれれば、「自分が一番」って答えるね（笑）。

ただ、あえて言うなら片岡千恵蔵とハンフリー・ボガートかな。二人はとてつもない魅力があるんだ。どちらもスタイルがいい方ではないし、顔立ちがいいわけでもない。だけど、人を惹きつける何かがあるんだね。

長谷川一夫も好きな役者さんのひとりだよ。とにかくキレイなの。仕草やいで立ちが美しいんだ。

彼らが役に入り込むと、見た目が飛びぬけていい男でも、勝つことはできない。そういうところが好きだね。

昔の役者さんばかりで悪いんだけど、最近はテレビとか映画とかは見ないんだよ。

今は本しか読まない生活になってる。映画はね、目に見えるから姿や形の美しさの勉強になる。本はね、字の世界だから、言葉とか生き様が勉強になるんだよ。

それからね、男だって、完璧な人より何か抜けているところがある人が可愛いよ。ギャップと言うのかな。

『項羽《こうう》と劉邦《りゅうほう》』という司馬遼太郎の小説がある。この話は、荒々しい戦術や戦いで秦を滅ぼした項羽と、他の人にはない大らかな人柄で人々に慕われ、漢帝国を興した劉邦を描いたもの。

項羽は秦の名門の出身で、大きな体に目立った才気を持ち、戦えば必ず勝つエリートだった。だから、周りから一目置かれる存在だったんだね。

これに対して劉邦は、農家の三男坊。読み書きもできず、40歳を超えて家業も手伝わずに、飲んでは勘定を踏み倒すような道楽者だったんだ。だけど、なぜか愛嬌があって、人情があるから子分も多くて、人気者だったんだね。そして、何度も何度も長い戦いを経て、項羽を追い詰めて最後に劉邦が勝つんだ。

人から見たらどうしようもない男でも、魅力があったら大きな国を治めてしまう。この本を読むと、パーフェクトな人間でなくても、人を惹きつける魅力があれば、天下を取れるってことがわかるんだ。

一人さんも、人から見たら完璧とは言えない。女性が大好きだし、エロ本も読む。会社にもほとんど行かないし、コツコツ努力するのも苦手だ。そのうえ、立派なことやまじめは大嫌いなんだ。情が厚くて、面白いことが大好き。ひらめきと波動を大事にしている。そして自分に自信を持ち、自分を愛してる。そんなオレが、多くのファンを持っているの。

完璧な人間ではないけど、オレなりの魅力があるから、ファンがつくんだよ（笑）。

男と女、魅力があれば問題は起きない

これからの時代の「いい恋人」「いい夫婦」って、何が必要かと聞かれたら、二人で魅力的になることって答えるよ。いいかい、魅力がなくなるから、すべてのめごとが起きるんだ。

二人の関係で気が合っていれば、それでいいんだ。周りがあれこれ言うことではないの。たとえば「あなたのご主人、家にお金を入れなくてひどい人ね」って、他人に言われても、奥さんがそれでいいと思えば、いいってこと。何があっても、相手に魅力を感じていればそれでいいんだよ。

「好かぬお方の親切よりも、好きな男の我がままがいい」って言葉があるんだけど、魅力があれば何でも許しちゃうの。だからさ、お互い魅力を失わないことだよ。

魅力があれば、1カ月車中泊しても楽しく感じるんだよ。二人でいても飽きないし、ワクワクしていられるの。ところが、家にいて5分顔を合わせるだけでイヤだっていう夫婦もいる。お互いに魅力がないんだよ。

この前、韓国アイドルの推しメンがいる奥さんがいて、推しメンに夢中で、旦那には冷たいっていう人がいたんだ。ここで、旦那は負けちゃいけないの。旦那は旦那で魅力をつけていかなくちゃいけないんだよ。奥さんを振り向かせるような、ね。

昔は食わしているだけで、男は価値があって、魅力があったの。ある意味、お金があれば、相手をつなぎとめることができたんだよ。

でも、今は違うよ。女性も働き口はあるし、男に頼らなくても稼げるようになってきたんだ。魅力のない男の言うことなんて聞いていられなくなる。こうした時代の方が断然いいんだよ。

結婚しない人が増えてくると、子どもが減ってくる。確かにそうなんだ。でも、よく考えてごらん。こんな小さな島に1億2千万も人がいること自体、おかしいんだよ。

結婚したい人はしてもいいし、したくない人はしなくていい。子どもも産みたければ産めばいいいし、産まなくてもいい。

みんなが自由にしていて、好きなことができる。個人の自由な意思を尊重してくれる国がいい国家なんだ。そういう日本に今、近づいていると思うよ。

では、何を変えるか。魅力をつけようってこと。奥さんなら旦那さんに魅力を感じているのかな？ 旦那さんなら、奥さんに魅力を感じているのだろうか？ 男は奥さん以外の女性からもモテてますか？ 奥さん以外から好かれないということは、奥さんからも好かれない。

これは女性も同じ。キレイにして、いい言葉を話していないと、嫌われるんだよ。旦那以外の人からも好かれなくちゃね。ほかの男性に声をかけられるような素敵な人になることだよね。

魅力を磨くって大切だし、楽しいんだよ。

お互い尊重することだね。大事にされる存在になること、大切にされる自分になることだよね。

大事に思われちゃうくらい魅力的になること。女性は、男性からも女性からも大切にされる。これが何より幸せなんだ。

何か言うときに「今、自分の言っていることに魅力があるのか」って考えてごらん。それだけで、自分が変われるよ。

「いつもありがとう」「本当にキレイだね」「一緒にいると楽しいね」「何があっても大丈夫だよ」「大好きだよ」。このように、相手の気持ちを考えて、愛のある言葉を話す。

寒かったらひざ掛けをかけてあげて、暑かったら窓を開ける。手が足りないときは助けてあげて、自分ができることは率先してやる。このように、相手の身になって行動する。

愛のある言葉、愛のある行動って、大事なんだ。

男と女の関係は時代が変わっても、変わらないよ。

男は、女に惚れられる男になる。女は、男に惚れられる女になる。

これこそ、男と女の究極の美学なんです。

美しい褒め言葉で人間関係はうまくいく

女性たちは、ますます強くなって、お金も稼ぐようになる。日本でだって、女性の地位は上がっていくんだ。

女性は男より賢いから、威張ったり、相手をコントロールしたりする人は少ないと思うけど、男も女もそんなことやっちゃいけないよね。

権力を持ったとしても、パートナーを褒めて、感謝すること。その気持ちを言葉で表すことは大事だよね。特に、相手を褒めるって必要なんだ。

日本って国は褒める人が少ないんだよ。シャイな人が多いからね。たとえ素敵だなと思っていても、言葉に出して褒められないんだ。それに、身近な人ほど、感謝を伝えられないんだよね。

褒めてくれる人は、貴重なんだ。だから、褒めてくれる人にみんなが会いたくなるんだよ。


「あなたのおかげで、毎日が充実している。本当に感謝しているわ」

「いつも、元気でいてくれることが私の幸せだよ」

いつも感謝の言葉を伝えていく。

「今日のシャツ、とっても素敵」

「髪の毛を切って、若返ったね」

ちょっとしたことでも、気付いてもらえるとうれしくなるんだよ。

友人や同僚にも、

「素敵な服だね。とってもあなたに似合っている」

「あなたのおかげで、素晴らしい成果が得られたよ」

「企画書の内容は、すごくよかったよ。素晴らしいアイデアだね」

こんなふうに、何気なく声をかけられたらいいよね。

些細なことでも褒めていくと、やがて自信を持つことができるんだ。こうやって、どんどん自信を持たせてあげることで、人って成長していくからね。

特に女性の一言って、男にとっては大きいんだよ。

また、相槌を打つのも、否定的ではなく、相手を安心させるいい言葉を選ぶといいよね。それだけで、いい波動の話になるんだよ。

「素晴らしいことだね」「いい話だね」「それはすごい」「ワクワクする」「楽しいよね」「素敵なアイデアだ」「よく考えたね」「その話はうれしいね」。

いい言葉を話の中に織り込むと、会話がどんどんいい方向へ進んでいくんだ。

それと、自分とは意見が違っても、反論したり、反発したりしてはいけない。人はそれぞれの考えがあるからね。「そういう考えもあるよね」「そういう気持ちになることもあるよね」って、言ってあげるといいんだよ。

そして、自分の意見は自分の意見で持っておけばいいの。相手を尊重する気持ちを表すだけでいいんだ。同意するわけじゃないんだから。

人との付き合いは、愛なんだ。どんなときでも相手への愛を出すこと。それができれば、夫婦に限らず、誰とでもコミュニケーションってうまくいくんだよ。

嘘は方便ではなく、嘘は思いやり

あなたは嘘をついたことがありますか？ 実は、嘘をつかない人間なんていないんです。そんな完璧な人はいないの。

ある調査によると、人間は1日に5～6回は嘘をつくそうです。しかも、悪意ではなく、ちょっぴり見栄を張ったり、相手を傷つけないための嘘が多いそう。

あるテレビで、5歳くらいの子どもが「本当のことを相手に言うのか」という実験をしていました。アイドルの可愛いお姉さんとケーキを食べるのですが、このお姉さんはクリームを口につけたままなの。ちょっと気になった子どもでしたが、「お姉ちゃん、口にクリームついているよ」とは伝えません。お姉さんが「何か私、変なところある？」と聞きますが、「何も変じゃないよ」と答えるの。後から、子どもに聞くと「変だと言ってはお姉さんがかわいそうだから」と答えていました。いじらしいですね。このように、小さい子どもだって、相手を気遣って「優しい嘘」をつくのです。

ただ、嘘をついてしまったことに、後ろめたい気持ちを持つ人も、けっこういるものです。

数年前の講演会でのこと。参加者の方と話す機会がありました。初めて参加したという主婦の方から「この講演会に行くことを旦那さんに内緒にしているんです。講演会と言うと根掘り葉掘り聞かれるから。面倒なので、女友達と会うと言ってきました。でも、それでいいのでしょうか?」という質問がありました。そのとき、私は「悪い嘘じゃないんだから、大丈夫。嘘も方便よ」

って、お伝えしました。

後日、その話を一人さんにすると、「こういう嘘は〝方便〟なんてもんじゃない。それは〝思いやり〟なんだ。相手に安心させたいという気持ちの嘘なのだから、気にすることなどないんだよ」って教えてくれました。

「言わなくていいことは、この世の中、たくさんある。意地悪や悪意ではなく、相手を思ってついた嘘は罪悪感なんていらないんだよ。相手にも心配をかけず、自分も楽になる。誰も傷つかないんだから、素敵な心遣いなんだ」

一人さんらしい回答に、心が温かくなりました。そう言ってくれる一人さんが、なによりも心優しい人なんです。

第4章

舛岡はなえ キレイの美学

～見た目も心も磨いて幸せに～

女性はキレイになるのが仕事

先日、私はいつものように一人さんと社長仲間と一緒に、ドライブへ。この日、寝坊をして、遅刻ギリギリで車に乗ったのですが、すぐに車の中で仕事をしました。その仕事とは……メイクアップ（笑）。

「女性はキレイになるのが仕事」という一人さんの名言通り、キレイになるためにひと仕事したわけです。

「神様はキレイなものが大好きなんだ。見た目も心も、キレイな人を応援してくれる。だから、キレイを磨くことが必要なんだ」

と一人さんはいつも私たちに言ってくれています。キレイでいるだけで、神様が素敵なプレゼントをくれるそう。ますます、自分をキレイにしたくなります。

それにね、自分をキレイにしていくと、自分に少しずつ自信を持つことができて、自分を好きになることができるんです。

メイクをきちんとする、髪型を整える、素敵な服を着る、華やかなアクセサリーをつける。全部一度にはできないから、はじめはちょっとずつでいいんです。

自分をキレイにしていくと、周りの人からも褒められるでしょ？　すると、もっとキレイになりたいって気持ちが出てくる。

キレイってひとつひとつ積み重ねていくもの。磨いていくと、さらに磨きたくなるものなのです。

ダイエットしてスリムになったり、エステに行って肌を磨いたり、キラキラしたネイルをしたり。自分をキレイにするのは、楽しいものでしょ？

これは女性だけではなく、男性も同じです。「人は見た目が１００％」って一人さんが言っていましたが、中身を見るのは時間がかかるけど、見た目は一瞬でわかるもの。いい感じか、イヤな感じかは、第一印象で決まるのです。

だから、男性も清潔感があって、おしゃれで、センスがある方がいいに決まっているの。最近では男性も、スキンケアは当たり前。脱毛やエステに行っている人も少なくありません。これは、すごくいい傾向で、これからの時代どんどんキレイを追求する男性が増えていきます。

キレイを磨くことは、自分を大切にしていること。自分を大事にする人が多ければ、それだけ他人も大事にする人が増え、世の中優しい世界になっていくんです。ただ、ちょっとの努力は必要です。多くの人が勘違いしていますが、ナチュラルに見えるメイクでも、手を加える必要があるんですよ。

あるとき、婚活している女性からこんな質問を受けました。

「男性と会うときは、『きちんとメイクをしていくように』と仲人さんに言われるんです。ただ、ありのままの私を見てほしい。清潔感は大事だと思いますが、そこまで自分を『盛る』必要はあるのでしょうか？　自然体ではダメですか？」

この質問に一人さんは

「オレは、自然体は好きじゃないの。だって、もっとキレイになった方がいいからね。ただ、自然体が好きな人はそうしたらいい。何をしたいかはその人の自由だからね。盛りたい人は盛ればいいし、盛りたくない人は盛らなくていい。だけど、オレはね〝もっと自分をキレイにしよう〟と心がけている人が好きなんだ。本当にキレイな人は、自然体に見せるのだって、かなりの努力をしているからね。自然体に見せるのにも技術が必要なんだよ。ただ何もせず自然にしているのとは、わけが違うんだ」

と答えていました。

本当に、自然体に見せるためには、手をかけないとダメなんです。私が教える「美開運メイク」は、ナチュラルに見えるように、輝きや濃淡を考え、手を加えています。清潔感があって、自然なメイクって、かなりのテクニックが必要なんです。

「自然体ではダメですか？」という言葉に、私もちょっと笑ってしまいました。なぜなら、自然体で大丈夫な女性は、一握りしかいないんです。自然体でモテているのならいいのですが、放っておいてもキレイなのは動物ぐらい。いいえ、今は犬だってヘアカットするくらいですからね（笑）。

つまり、自然体（ノーメイク）でモテることは、至難の業だと思います。

一人さんは「自分を美しく見せるために、いろいろ工夫をすると楽しいんだよ。自分を磨くって、自分を愛することだからね」と言っています。

見た目は、その気になればすぐに変えることができます。挑戦もしやすいんです。

キレイになるコツは、〝今より少しだけキレイにしてみること〟。そして、それを積み重ねることです。

心をキレイにする感謝の方法

私の「キレイの美学」は、もちろん見た目だけではありません。心の中も美しくすることで、キレイは倍増します。

運を味方にして、心をキレイにするために、私が1年ほど前から始めたのが、「六方拝《ろっぽうはい》」です。「六方拝」とは、もともと仏教の教えで、「東西南北」と「天と地」の六方に向かって感謝して拝するものです。

これをはなゑ流にアレンジして、毎日感謝を伝えています。各方位に神様がいらっしゃるので、その神様に感謝する対象を伝えて感謝をします。

やり方は左記の通り。声に出してもいいですし、心の中で拝してもいいでしょう。各方面を向かなくても、方向を示す言葉を言うだけで構いません。

東の神、青龍様、ご先祖様に感謝いたします。

西の神、白虎様、家族に感謝いたします。
南の神、朱雀様、お師匠様に感謝いたします。
北の神、玄武様、仲間に感謝いたします。
天の神、宇宙、太陽、すべての神様に感謝いたします。
地の神、マザーアース様、植物、動物たち、森羅万象に感謝いたします。

六方のうち四方の神様は古代の神で、私の大好きな神様ですが、イメージできない場合は、「東の神様」「西の神様」と思うだけでＯＫです。

「天と地の神様」は、感謝する対象物そのものとなります。天は宇宙創造の神、太陽の神、地は地球や動植物の神です。あらゆる生命、そして太陽や地球に感謝するという気持ちが大事です。

六方拝をしていくと、「心が落ち着いた」「ネガティブな思いがなくなった」「人を許せるようになった」「イライラした思いがなくなった」と、私の周りではとてもいい変化が起きています。

ある男性は、両親との折り合いが悪く、実家には5年以上帰らなかったそう。ところが、六方拝で両親に感謝していくうち、家族のことが気になるように。久しぶりに電話をすると、「たまには帰っておいで。会いたいよ」と母親に言われたそう。年老いた母の声を聞き、勇気を出して帰省をしました。

懐かしい家に帰ってみると、なぜか心は穏やかに。両親も温かく出迎えてくれて、今までのわだかまりが嘘のように、仲良く過ごせたそうです。「六方拝のおかげです。両親のイヤだったところが何だったのかも忘れてしまいました」とうれしそうに報告してくれました。

また、「今までお墓参りでしか、ご先祖様に感謝したことはない」という女性は、毎日感謝することで、先祖に興味を持ち、ルーツをたどる旅に出たんだそうです。そこで、自分が名将の末裔であることがわかったと喜んでいました。

さらに、親戚から多額の相続があったという人も出ています。感謝って、すごい奇跡をもたらすのです。

六方拝をすれば、森羅万象すべてに感謝することになります。つまり、究極の感謝の方法と言えます。波動が上がり、パワーが強まることで、自分自身もよい方向に変えていくことができるんです。

私が行う「六方拝」は、ＹｏｕＴｕｂｅで見られますので、やり方を参考にしてくださいね。

六方拝
YouTube

＊8分27秒から
ご覧ください。

「感謝」の言葉で幸せをつかむ

〝感謝する〟ということは、心の中をキレイにします。

まるかんでも、挨拶の代わりに「感謝してます」という言葉を使います。「感謝してます」は「ありがとう」より、尊敬を込めた上級の言い方。感謝の言葉を口ぐせのように言っていると、幸せをたくさん連れてきてくれるんです。

実は、会社で「感謝してます」を挨拶の代わりにしたのは、いきさつがあります。阪神・淡路大震災（１９９５年1月17日）の数カ月前のことです。一人さんと社長仲間で大阪に行き、そこで翌年のカレンダー向けの写真を撮りました。仕上がった写真を見て、みんなが驚きました。なんと全員の顔が死相のように暗いものだったのです。一人さんは、これに強く感じるものがあったよう。

「今、いい言葉を使わなきゃダメだ。いい波動を起こさなきゃ」と言って、その直後に「感謝という言葉を挨拶代わりにするように」という通達を出しました。一人さんは「言霊の波動で、場の波動もよくなるはず。何かがあっても、被害は小さくなるから」と言っていました。

その後、まるかんのスタッフは、「こんにちは」の代わりに「感謝してます」を言い、「もしもし」の代わりに「感謝してます」を使いました。初めは慣れない言葉で気恥ずかしさもありましたが、毎日言い続けると、決まり事として言えるようになっていったんです。

数カ月後、阪神淡路で震災は起きてしまったけど、「この言葉を言わなければ、災害はもっとひどくなっていたかも」と思うことがあります。現に、この言葉を言い続けていた大阪の社長仲間のひとりは、虫の知らせか震災の前日に東京に出向いたおかげで、運よく難を逃れることができました。「大阪にいたら自分はどうなっていたかわからない。『感謝してます』という言葉に守られたんだね」と言っていました。

感謝することの大事さを痛感し、それ以降は、みんなが「感謝してます」を口癖にしました。

たとえ、感謝の気持ちがわかなくても、「感謝してます」って言えばいいんです。不思議なのですが、言葉に出して言うことで、だんだんその気持ちが芽生えてくるもの。だから、言葉にすることが大事なんです。

実は人間の脳って、そういうふうにできているの。発した言葉に見合ったものを探すんだそうです。「感謝」と言葉にしたら、感謝に関するものを脳のアンテナが拾って、感謝したくなるようなことが見つかるんです。

「愛」と言えば、脳が愛を探してくれる、「幸せ」と言えば、脳は幸せな出来事を運んでくれます。逆に「辛い」と言う言葉を出すと、辛い情報ばかり集めて、辛い方向に引き寄せられるのです。

人は、意識している方向へどんどん進んでいくんです。だから、明るくて、キレイな言葉を使った方がいいのです。

言葉は不思議なもので、日常でいい言葉を使えば、同じようないい出来事が起きるようになっています。一人さんは、「天国言葉」を言うことで幸せを引き寄せ、「地獄言葉」を言わないことで不幸を遠ざけると、教えてくれました。

「天国言葉」と「地獄言葉」は、一人さんファンなら知っていると思いますが、もう一度、左の表を見て確認してくださいね。

「天国言葉」の中に「許します」という言葉があります。これは、憎い相手を許したり、ひどいことをした人を許すのではありません。「ダメだったな」と落ち込んだ自分を許す、「うらやましいな」と嫉妬した自分を許す、「ひどいことを言っちゃった」自分を許す。すべて自分に向けての「許し」なのです。そこのところは勘違いしないでくださいね。

「ダメな自分を許せるようになると、いずれ人も許せるようになるんだよ」と一人さん。言葉のパワーってすごいんですね。

言葉の力を借りて、自分をいい方に変えていくことができる。だから、「天国言葉」のような美しい言葉を口にすることが大事なんです。言葉を美しくするということも、私の「キレイの美学」のひとつです。

天国言葉

愛してます	感謝してます
ツイてる	しあわせ
うれしい	ありがとう
楽しい	許します

地獄言葉

恐れている	悪口
ツイてない	文句
不平・不満	心配事
グチ・泣き言	許せない

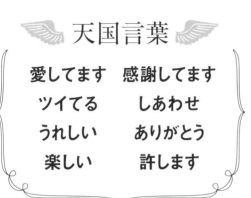

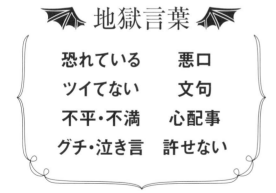

今こそ、〝憧れの人〟に自分がなる

外見をキレイに磨いて、心も磨いたら、あなたは絶対魅力的になれます。コロナも先が見えて、明るい未来を感じる今こそ、やるべきことがあります。それは、あなた自身がキラキラと光り輝くこと。

たぶん、誰でも憧れている人がいると思います。私ならオードリー・ヘップバーンの美しさと上品さに憧れますし、ジェニファー・ロペスのパワフルさに惹かれます。もちろん、人間として究極の憧れは、一人さん。優しさと愛情にあふれて、出会う人すべてを魅了してしまう。常に、みんなを応援し、安心の波動を届けてくれる、素晴らしい師匠です。

私はオードリー・ヘップバーンにもジェニファー・ロペスにも、そして一人さんにもなれませんが、「舛岡はなゑ」として、素敵な人たちを見習って、自分に磨きをかけるだけ。それに、自分が大好きなので、「舛岡はなゑ」に生まれてよかったと、つくづく感じています。

おかげさまで、講演会をしたり、本を書いたりしていく中で、はなゑファンもかなり増えてきました。今では「はなゑさんのようになりたい」と言われるまでになっています。でも、もっと飛躍して、多くの人に幸せを届けるお手伝いをしたいんです。

そしてこの本を読んでいるあなたも、憧れるだけではなく、憧れられる人になってほしいのです。

この世に生まれてきたのは、自分の魂を喜ばせるため。だから人生を楽しんで、何かひとつでも楽しいことを見つけてみてください。そして見つけたら、それをとことん、やりたいだけやってみる。自分がやりたいことを楽しむだけで、自分でも予想しないくらいの成功を手にすることができるのです。

知人の息子さんで、今や現代アーティストとして活躍している青年がいます。彼は高校のときは、夢もなく希望もなく、無気力な毎日を過ごしていました。進学校に行ったにもかかわらず、大学へ行けないと先生に言われてしまったくらい。先生の提案もあって、唯一得意としていた絵の才能を活かし、美大へ入学。そこでジオラマ（＊）に出会い、ジオラマ作りにのめり込みます。もともとプラモデルなどが好きだったこともあり、実力を発揮。飲まず食わずで何日もジオラマを作り続け、大学時代に個展を開くほどになりました。そして、今では、海外のブランドとコラボするほどの芸術家に。ジオラマ界の憧れの人になっています。とことん、好きなことに没頭した結果だと、私は思います。

今はＳＮＳを通して自分で発信できる時代。ＹｏｕＴｕｂｅやインスタグラム、そしてＴｉｋＴｏｋなどで、容易に自分をアピールすることができるようになりました。

ただし、成功したいなら〝決意〟って大事なんです。ただなんとなく好きなこと

をやるより、「憧れの人に、私はなる！」って思った方が、その道に進みやすくなるんです。

なぜって、神様は決意の声を聞いて、絶対応援してくれるから。

＊ジオラマ＝ミニチュアの人物や物を背景と組み合わせ、ある場面を立体的に表現する作品。

心の向きをキレイな方に向ける

私は、一人さんと出会い、奇跡のようなツイてる人生を歩んでいます。そして、「ラッキーだね」「本当に豊かな人生だね」と周りの人にも言われています。

だけどね、それでも完璧ではないんです。転んでけがをしたり、無理な靴を履いて靴ずれすることもある。電車に乗り遅れたり、渋滞に巻き込まれることだってある。

でも、それも悪いことではありません。イヤなことがあったら、「これは人に話せるな、ラッキー」って思って、笑い話にしているの。

大事なのは、そんなことで落ち込まないこと。自分の人生を機嫌悪くしないことなんです。

イヤなときもあるし、イヤな人に出会うこともある。それは、みなさんも私も同じ。そのときに、自分のことを可愛がっていないと、イヤなことを我慢することになるんです。

靴ずれしても、話のネタになるって、くすっと笑っちゃう。イヤだったことをウジウジ考えない。イヤな方に引き込まれない。そして「ツイてないな」なんて思わないことが大事なんです。

悪口を言われたり、イヤな人が出てきたり、困ったことが起きたり、同じようなことは起きます。そのときに、いちいち、そんなことで目くじらを立てて怒ったり、機嫌を悪くしない。自分の人生を機嫌悪くする必要はないってことなんです。

一人さんはずっと「自分だけは機嫌よくしよう」って言っています。著書でも、繰り返し書いています。それでもできない人がいるんです。

自分を可愛がっていない人は、それが〝我慢になる〟ってことなんです。「イヤでも、我慢しなければならない」って思っている。そうじゃないんです。

私の場合、転んでけがしても、バンドエイドを貼ればいいし、ちょっと笑いのネタにすればいいって、思っちゃう。いい方に向きを変えればすむこと。

人生っていうのは、一瞬一瞬、自分の気持ちがどっちに振れているかで大きな違いになるんです。

一人さんは「49対51で、たった1％プラスの方に、つまり光の方に傾いていたら、いい人生になる」って、言っていました。次元が光の方に向くだけで大きく変わるんです。

困ったこと、イヤなことが起きたとき「なんで？」「どうして」「よりによって今日なの！」って一瞬思ったとしても、すぐにクスッと笑っちゃえば、明るい世界に行くんです。そうすれば、もう次元は光の方。自分の心が、光の方に向いていたら、悪い方へは進みません。人生、一瞬一瞬、すべて光を見ることなの。それでうまくいくんです。微差が大差となるんです。

人生の分かれ道だって、大きな問題ではないの。

たとえば、進学するときの学校選び。どの学校に入っても、希望していた学校でなくても、大丈夫です。その日その日、いいことを探して光を見つければ、たとえ行きたくなかった学校も、自然と素敵な学校になっちゃう。光の道に進むんです。勤め先も同じ。その時、その時、楽しいことを見つけて仕事をすればいいんです。もしイヤなら辞めてもいいの。

誰と結婚するかだって、大きいことに思うけど、実はたいした問題じゃない（笑）。頭に来たら、ワーク（p６０）で相手を踏みつけちゃえばいいし、もっとイヤなら別れればいいのです。

自分の気持ちをキレイな方、いい方向に向けると、何もかもがうまくいきます。そのためには、第2章の話に戻るけど、自分を好きになることなんです。

脳科学者の茂木健一郎さんのＹｏｕＴｕｂｅをたまたま見たら、すごいことを言っていたの。「自分が脳科学者をやっているけど、一番これができたらいいというのは、自分を好きになること」って。

自分を認めて、大切にしていれば、絶対うまくいくんです。

今いる日本という場所を愛する

この本を読んでいるみなさんは、大半は日本に住む日本人であるはず。日本って、本当に素晴らしい国なんです。そこに生まれてきたあなた、住んでいるあなたは、とびきりラッキーな人なのです。

もう78年間戦争はなく、食べるものに困らない。大半の人が屋根のある家で、キレイな水を飲んで、きちんと教育を受けて生きています。そして、何かあると、国が助けてくれる。色とりどりの四季があり、歌舞伎や日本画など優雅な文化があります。

それに、安全で安心の国でもあります。もし海外で酔っぱらって外で寝てたら、身ぐるみはがされてしまうかもしれません。日本だったら、起こしてくれる人もいる。携帯だって、お財布だって、ほぼほぼなくしても返ってくるでしょ？

とても恵まれた国にいることを、再認識してほしいのです。

それなのに、毎年発表される「世界幸福度ランキング」で、常に日本は下の方なんです。幸福に感じていないってことなのでしょうか？

私は〝幸せ〟しか感じてないのに。なぜみんなはそれを感じていないのでしょうか？

見る角度を変えただけで、幸福度は一番なはず。こんなに豊かで、安全な国で、不幸なわけがない。なのに、「幸福度」は下位なんです。

幸福度が低い原因は、抑圧だと思うの。

日本の良さでもあり、マイナス面でもあるけれど、日本人の根底に「よそ様の迷惑になってはいけません」という意識があるんです。この言葉を言われ過ぎると、周りの目を気にするようになるんです。

人によって迷惑だと感じることは違うのに、〝人の迷惑にならない〟なんて難しいこと。むしろ、迷惑にならないで生きることなんてできないんです。

たとえば、電車の中で赤ちゃんの泣き声がして、「うるさいな」って思う人もいれば、「赤ちゃん元気でいいな」って思う人もいる。私は「お母さん、大丈夫だよ、気にしないで」って思っちゃいます。

「迷惑になってはいけません」という言葉が頭にこびりついてしまい、この言葉に怯えて生活をしているんです。


実は、日本人ってめちゃくちゃ素敵な血を受け継いでいるんですよ。ヤップ遺伝子といって、アジアだと日本人だけが持っている遺伝子だそうです。縄文時代からの遺伝子と言われて、優しくて親切で、人のために何かしたいという心を持っているそう。縄文時代は、戦いや争いがなく、平和な世の中が1万年以上続いてたそうです。それくらい、相手を思いやる心があるんです。だから、教えとして「迷惑になってはいけません」という言葉があるのかもしれない。

もともと、優しくて、人のためにがんばる遺伝子を持っているところに、さらに

「迷惑になってはいけない」って言われると、過剰になりすぎて苦しくなるんです。

そうした抑圧さえ解き放てば、きっと日本人は日本が好きになるはず。幸せを感じるはずって、私はそう信じています。


そしてね、ここからがすごいのですが、「これからは、ヤップ遺伝子を持った素敵な性格の人が世界を救う」と、スピリチュアルの世界で言われているんです。

日本人は、あったかくて、優しくて争いが嫌い。その特性を生かして、世界を守っていくのだと感じています。そのひとりが私であり、みなさんです。


日本に生まれたことを誇りに思い、〝もっと日本を愛してほしい〟と願っています。

日本を愛することができれば、日本からも愛される人になるからです。

愛を出して、自分の器を大きくする

私が今、目指しているのは「器が大きい人になりたい」ということです。愛が大きい人になりたいと思っているの。

昔、一人さんから「はなゑちゃん、必ず有名になるから、後から恥ずかしいと思われることはしないことだよ」って、言われたことがあります。そのときは、有名になるなんて考えたこともなかったんです。

でも、私のことが世の中に知られるようになり、講演会などで多くの人に会うようになったとき、「これから先のことを考えて、かっこ悪いことはするのをやめよう」と決意しました。

私にとって、かっこ悪い、恥ずかしいというのは、器が小さいということ。たとえば、お店をやっていて、いつも来てくれていたお客様が他のお店に行ってしまったとします。このとき、「ありがとうございます。また、お待ちしています」と最後まで愛をもって見送るようにしたい。自分のお店を選んでくれるかどうかは100％お客様が決めるんです。今までここに来ていただいただけでありがたい、また来ていただけるよう、もっと魅力的になろう。それしかありません。

これは自分の彼氏だって同じこと。彼氏から「さよなら」と言われたら、すぐに「はい、わかりました。さようなら」と言えます。「いかないで〜」なんて後を追うのは、女がすたると思っています（笑）。これは、お仲間やファンの方も同じ。来るものは拒まず、去るものは追いません。

相手をコントロールしたり、自分がコントロールされたりするのはイヤ。無理に、一緒にいてもらいたくない。

逆を言えば、〝そばにいたいと思われるように魅力的になろう〟ってことなんです。

私は、掃除はしないし、料理もしない、朝も早く起きない（笑）。いろいろなことはできないですが、〝誰よりも器が大きくなりたい〟〝誰よりも人を愛で送りたい〟と思っています。

私の出入り口はいつも開けっぱなしで、いたい人はそこにいる。無理に来てもらおうとは思わないんです。私のところにいたい人が来ればいい。

一人さんが、自分の彼女がお嫁に行きたいと言ったら、「幸せになるなら行きな」って、その人の幸せを考えるって言ったの。引き止めたり、まして怒ったりしない。「その人が幸せになるなら、それでいいし、その人が戻りたいなら、いつでも開けておく」と。そんな一人さんのような器の大きさを目指しています。

「オレと出会ったら、あれもできる、これもできるって、可能性を広げてあげたい」と一人さんが言っていましたが、これこそ愛だと思うんです。

「あれダメ、これダメ」はおかしいし、もし「こうした方がいいんじゃない？」と言われても、本人がそう思ってないなら、無理してやることはないのです。

「愛とは自由」なんです。その人の幸せを願って、自由でいてもらう。それが愛です。

器を大きくしたら、魅力的になれます。そして、魅力的になれば幸せになれるんです。目の前の人を幸せにしてあげてください。そうすれば、もっともっとその愛で人が集まってくれます。

さらに、自分の好きなように生きていたら、肝心なところで堪えることもできます。私にできることは、魅力を磨くことだけ。これこそ「キレイな生き方」なんです。

世界で一番会えないのは一人さん!?

聞き上手で、面白い一人さんは、どこへ行っても人を魅了します。

ある海辺の街では、漁師さんと話していて、魚の話で大盛り上がり。楽しい漁師さんだと思ったら、奥さんがその様子を見て「うちの主人は無口で、家でも一言もしゃべらないんだよ。どんな魔法を使ったんだろう」と不思議がっていました。無口な人を饒舌にするくらいの魅力があるんです。

あるときは、タクシーの中で、運転手さんと一人さんが意気投合。おしゃべりに花を咲かせていたら、目的地に着いてしまいました。「お客さん、面白い人だね。タダにするから、もう1周回って駅に行かないかい?」と運転手さんに誘われてしまうほど。「早く降りてくれ」ならわかるけど、「もう少し乗ってくれ」なんて、聞いたことないですよね。こんなふうに、どんな人にも好かれてしまうのです。

今、ちまたでは「世界で一番会いたくても、会えないのは一人さんじゃないか」と言う人もいるみたいです。私も「確かに！」と思いました。一人さんにどうしたら会えるのか知りたいという方が、後を絶ちません。

そんな大人気の一人さん。声や話し方で、一人さんだとわかっちゃう人もいるんです。一人さんはいつも、あちこち旅をしているので、どこかで会う機会があるかもしれません。もし旅先の一人さんに出会えたら、勇気を出して声をかけてみてください。幸せのお福分け、千社札をもらえるかもしれませんよ。

第5章

今知りたい！
仕事、恋愛、人間関係に
悩む人からの
16の人生相談

Q1

仕事

今の若い人たちはYouTuberに憧れたり、仕事を3年で替えたりと、給料や安定性よりも、自分に合った働き方や人間関係を大事にしている人が多い印象です。一人さんはそういった「不安定だけど自由度が高い働き方」はどう思いますか？

（会社員　50代　女性）

A

一人さん　向いている人は、それが安定しているんだよ。

はなゑ　今の時代、安定していると思ったところが危なかったりしますよね。

一人さん　あなたはきっと、会社は大きければ大きいほどいい、有名で安定した会社ならいいって、教育されてきちゃっているんだよ。それ以外は、よくないと思っているんだ。

今は、優秀な学生は役人になりたがってるけど、役人ばっかりいたら国民がいなくなるんだよ。税金払う人がいなくなっちゃうんだ（笑）。**今は、自由度が高くて、ぜんぜんかまわない。好きなことを仕事にした方がいいんだよ。**

子どもがなりたいものだって変わっていくの。「お前は将来、何になりたい？」って聞く親がいるけど、そんなの聞く方がおかしいの。昔は「サッカー選手になりたい」とか、「漫画家になりたい」とか子どもが自由に言ったもんだよ。それが、親の顔色を見て、親が喜ぶものを選ぶんだよ。

はなゑ

まさに、他人軸。これは親軸とも言えますね。自分軸で生きてほしいですよね。

Q2

仕事

30代のワーキングマザーです。仕事が軌道に乗ってきて楽しくて仕方なく、将来のことも考えると今が仕事のがんばり時だと思うのですが、一方で、子どもが生まれたばかりで、家族からは育児や家事にもっと積極的に参加してほしいと言われます。どちらを優先したらよいでしょうか？

（放送局勤務 30代 女性）

A

一人さん　好きな方を優先しな。子どもを優先したいなら子どもを優先すればいいし、仕事を優先したいなら仕事を優先しな。

はなゑ　私は仕事を優先した方がいいって思う。これは、私の意見だけど。

一人さん　世の中、「子どもを優先しな」って言う人がいるけど、人の意見なんか聞いちゃダメだよ。

いいかい、自分の意見を言うために、この世に生まれてきてるんだよ。他人の言うことを聞くために生まれたわけじゃない。

今、自分がやりたいことをすべきです。

たとえば、自分には子どもがいないけど、何十人も子どもを相手にしている保育士がいたりするだろ？　これも好きなことだからできるんだよ。

はなゑ　周りの人の意見を聞く必要はないですよね。当人の問題ですから。

一人さん　**自分にとって正しい答えって、自分にしか決められない。**

誰が何を言おうと、自分の思いに従うべきだね。自分にとって正しい答えは、自分にしか決められないの。カラオケでは誰でも好きな歌を歌うだろ？　人から「これを歌え」って言われるのは、イヤだろ（笑）。

Q3

仕事

担当している仕事はやりがいがあり、残業も多いですが、あっという間に時間が経つくらい毎日が充実しています。しかし、昨今の働き方改革の風潮で、会社からは「生産性を上げて残業時間を減らせ」と指示されます。子どもの頃、親が猛烈にバリバリ働く姿に憧れていたのですが、もうそういった時代には戻らないのでしょうか？　仕事が生きがいというのは変ですか？

（証券会社勤務　30代　男性）

A

一人さん

残業時間の制限は、国が決めたルールだからね。昔の環境には戻らないよね。

税金はこれだと言われれば、払うしかない。それと同じで、「残業を減らせ」と言われれば従うしかないの。

日本にいる以上、国のルールにのっとって働かなきゃならないんだ。

はなゑ　早く終わる方法を考えればいいんじゃないかな？　会社のルールがイヤなら、起業して自分で仕事をするしかないかな。自分の会社なら、24時間好きなだけ仕事ができますから。

一人さん　会社員である以上、ルールにのっとって、楽しく仕事をするしかないね。オレも仕事が大好きだし、個人的には君みたいな人は大好きだけどね。

Q4

仕事

周りの同僚や先輩が優秀すぎて、営業成績にも差がついてしまっています。仕事は嫌いではないですが、自分のことを「スゴイ」とは到底思えず、営業トークやプレゼンにも自信のなさが見えるのか、うまく成果が出ません。どうすれば自分に自信を持ち、成果を上げることができるでしょうか？

（営業職　20代　女性）

A

一人さん

成績がいいから、自信があるんじゃないんだ。どんなときでも、自分に自信を持つことなんだよ。

オレなんか試験の点数が悪くても、自信満々だよ（笑）。

よく先生に、「お前のように勉強もしないでいたら、ろくでもない人間になる」って言われたけど、「先生は易者か？　オレの未来がわかるのか？」って聞き返したね。ああ言われたらこう言うの。言われっぱなしの人生じゃダメなんだよ。
もし、一生懸命やっても営業成績が悪いなら、セールス以外の仕事を考えてみたらいいんじゃないか？

はなゑ
社長仲間の遠藤忠雄ちゃんは、以前は車の営業をしていたけど、常にトップクラスでした。まじめにコツコツ営業に歩き回っていたわけではないの。ただ、人への愛があって、優しくて、また会いたいような愛嬌があった。だから、人に好かれて「この人から買いたい」って思われたんです。
営業に向いている人っているんです。向いていない人がセールスやるのは辛いかも。あなたが楽しいと思っているなら、向いているのかもしれませんが。

一人さん
苦手な仕事を10年も20年も我慢してやり続けて、自分の人生を無駄にしちゃうんだ。自分の勘を信じなきゃ。向かないことは2秒で辞めるんだよ。

はなゑ

確かに、もっとあなたが向いている、楽しいと思う仕事が、他にあるのかもしれませんね。自分を好きになって、自分に自信をもって、魅力をつけることですね。

Q5

仕事

私のやっている仕事は、いずれAIに置き換えられてしまうのでは？と不安に感じています。どういった職業スキルを身に付ければ、20年後、30年後でも生き残れるでしょうか？

（清掃業　40代　男性）

A

一人さん

人間っていうのは、順応できるから何万年も生きているんだよ。だから、どんな世の中になっても、機械中心になったとしても、順応できるようになっているんだ。

だって、携帯電話だって、はじめは特別な人しか持てなかったのに、今では誰でも使えるだろ？　だから、何があっても平気なんだよ。

はなゑ

不安に感じている人と、これからもっとラクに暮らせると思う人の違いですよね。

一人さん

ともかく未来は明るいんだよ。

民主主義の良さは、頭がいい人が素晴らしいものを作ることができること。だけど、それだけじゃ売れないんだよ。普通の人が、それを使いこなさなくちゃならないんだよ（笑）。

必死で、頭の良い人が作ってくれるんだよ。車だって、マニュアルからオートマに、そしてもうすぐ自動運転の時代がきちゃうんだ。もっともっとラクになるの。

オレたちは明るく、ただ感謝していればいいんだよ。

はなゑ

洗濯物を手洗いしていた時代に、洗濯機が売り出されて、「私の仕事がなくなる」って思っているのと同じ。不安の波動は出さなくていいんです。いい方向だけを考えてればいいんです。

一人さん　そのうち週に2日も働けばいいようになっちゃうんだよ。この話は、10年以上前からしているけど、コロナの影響で、本当に現実になってきている。

みんなにとって都合のいい時代が、本当にやってきたんだよ。

Q6

結婚

女性も仕事で成果を出し、ひとりで生きていけるだけのキャリアとお金を得ているのに、結婚して子どもが生まれると、母親になる女性ばかりが家事や育児に時間を取られ、割を食う気がしています。結婚するメリットって、いったい何なのでしょうか？

（百貨店勤務　40代　女性）

A

一人さん　オレはね、結婚のメリットが思いつかないね（笑）。

はなゑ　しない方がいいと思っている私たち二人に聞くと、答えはひとつです。ただし、「この人ならいいかも」って思う人がいれば結婚すればいいだけ。

一人さん　結婚って、したいからする、別れたいなら別れればいい。これだけなんだ。一番いけないのは、自由を奪うこと。結婚しなくちゃいけない、別れちゃいけない。そう人に言われることがよくないんだよ。

はなゑ

私のお客様にも「うちの息子が結婚しないで困る」と悩んでいる人が何人もいるの。「なぜ結婚しなくちゃいけないの？」って言うとみんな答えられない。よくよく聞くと自分も親に「早く結婚しろ」って言われていたそうなの。「結婚してよかったの？」って聞くと「よくなかった」って。じゃあなんですすめるの？ってこと。決めるのは自分なのだから、自分の子どもに「早く結婚しろ」って言うなって言っています。

一人さん

「結婚して幸せだったの？」って聞くと、「そんなことない」ってみんな言うんだ。

ただ、時代も変わってきているからね。好きな人と好きな形で結婚している人も増えているんだよ。何より、人の意見に左右されないことだよ。

Q7

恋愛

「男は浮気しても許されるのに、どうして女は浮気すると非難されるのだろう」と嘆く知人がいます。一人さんは、女性の浮気をどう思われますか？
浮気において、男性も女性も平等だと思いますか？

（美容業　50代　女性）

A

一人さん

あなたは一人さんのこと、勘違いしているよ。男だって浮気して許されることはありません。一人さんなんかどれだけひどい目に遭っているかわからないよ（笑）。それでもやるか、やらないか、だよ。

はなゑ

つまり、男だったら許されるとか、女だったら許されないとか、そんなのないってことですね。

一人さん
はい、一人さんも許されているわけではございません。**オレは許されないで、ひどい目に遭ってるからね、他人には許してあげたいよ**（笑）。もっと温かい目で見てあげてほしいよ。

はなゑ
浮気した男がいれば、同じだけ相手もいるんだから。両方、許されないんですね。

一人さん
いい旦那の定義は、「別れよう」って奥さんに言われたら別れてくれる男がいいんだよ。これは女性も同じ。
ともかく結婚すると、魅力で勝負するのではなく、権利で勝負しちゃうんだよ。人間だからね、本当は魅力で勝負したいよね。

Q8

恋愛

シングルマザーです。離婚してから何度か恋人はできましたが、子どものことを考えると、なかなか真剣になれず、交際は長続きしません。子どもが成長するまでは、恋はあきらめて、子育てに専念したほうがいいのでしょうか？　そんな考えはナンセンスなのでしょうか？

（看護師　30代　女性）

A

一人さん

あきらめるくらいの魅力しか、その男にないいんだよ。本当に魅力のある男に会ったら、そんなこと言ってられないいんだよ。本当は彼に魅力がないいんだよ。

はなゑ

長続きしなくていいいんじゃない。もともと「この人」って言う人がいないんですね。ただ、恋することは、あきらめなくていいと思いますよ。ジェニファー・ロペスというシンガーがいますが、彼女は子どもを2人産み、離婚。その後、何人もの男性と付き合いましたが、付き合う彼氏と子どもがとっても仲良しなの。彼女にとって、自分の子どもも大切。彼氏が子どもを大切にすることは、当たり前だと思っているんでしょうね。

一人さん
もっと自分の魅力を磨いた方が楽しいんだけどな。もっと自分の魅力を磨けば、すべてが解決できるんだよ。

はなゑ
そうすれば、もっと楽しくなっちゃうし、魅力的な人にも出会えますね。

一人さん
趣味のうち一番楽しいのは「魅力磨き」なんだよ。一人さんの本を読むのでも、「本から何かを教わろう」ではなくて、どうすれば自分は魅力的になれるかを考えながら読んだ方がいい。わかるかい？

Q9

恋愛

男性優位の業界で仕事をバリバリやって、我ながらメンタルは「強い女」だと思います。男は「強い女」を求めると、はなゑ先生の本に書いてありましたが、実際はまったくモテません。やはり弱いところを見せるなどのモテテクニックが必要なのでしょうか？

（金融業界勤務　30代　女性）

A

はなゑ　まず、あなたはおしゃれが足りないと思いますよ。作業着のような服を着て、男っぽいままでモテようと思っても無理ですよ。

一人さん　いくらバリバリやってても、女を捨てて働いちゃダメだよ。キレイな服を着て、メイクをして、おしゃれするのを忘れないことだよ。もっとキレイになるとね、仕事だって、スムーズにいくんだよ。

はなゑ

もっと自分を磨いて、キレイになってほしい。私は黙っていたら女性らしく見えるみたいだけど、周りからは中身は男だと言われます（笑）。

一人さん

女だけじゃないよ。男だって、仕事さえすればいいんじゃない。かっこよくなくちゃいけないんだよ。

ともかく、本来、女は男が好き、男は女が好きなの。こんなに男と女がいて、誰にも好いてもらえないなんて問題があるんだよ。世の中、半分は男性で半分は女性なんだよ。日ごろから、モテない女性は、「どっかにいい人いないかしら」って言っているんだよ。

「自分に惚れてくれる人がいない」なんて、言っていること自体に魅力がないよ。

はなゑ

強いのはいいんだけど、女性本来の優しさは必要です。男性的な決断力はあっても、女性らしい思いやりが欠けていないか、考えてみて。つまり、強さと優しさを両方持ち合わせていることが大事なんです。

一人さん　うまくいっていないなら、何かが間違っているんだよ。今の時代、男女関係なく、優しく思いやりのある女性性と、強くて決断力のある男性性も持っている人がモテるんだよ。

はなゑ　女性性も男性性も両方持っていることが大事なんです。こう言う人は、男性からも女性からもモテるの。まさに一人さんですね！

一人さん　オレは女性にも好かれているけど、中性的な人にもモテるの。だから「女性が好き」とわざと公言してるんだよ（笑）。狙われちゃうからね。

Q10

お金

主人は趣味に、お酒にと、どんどんお金を使ってしまいます。私のパートのお金を加えてどうにか生活しています。まだ子どもたちが小さいので、なんとかやりくりできますが、これからが心配です。小学校へ上がったらお金もかかるし、やりたいこともやらせてあげたいです。主人の浪費癖を直す方法はあるでしょうか？

（パート　30代　女性）

A

一人さん

浪費癖を直す方法はないね。まず、あなたが「仕方ない」と思う時点で、旦那さんは直らないよ。

旦那を変えるのではなく、あなたが変わるしかないんだ。旦那に文句を言うことではなく、自分を大事にしな。

はなゑ

ある女性が、あなたと同じように、ご主人のお給料では生活できず、パート代を生活費に入れている話をしていたの。そこで「もっと自分を大事にした方がいい。パート代くらい自分で使ってみたら？」と伝えたんです。これを実行したら、いろいろなことが大きく変わっていったの。自分にお金を使ってキレイになったことで、気持ちも元気に。パートの売り上げもよくなり、給料も跳ね上がったそう。どんどんキレイになる奥さんを見て、これではいけないと、旦那さんも張り切って仕事をし始め、収入も大幅にアップ。奥さんに、バッグとか、時計とかプレゼントまで買ってくれるようになったんです。自分を大切にすることで、人生がすべていい方向に回り始めたの。

一人さん

浪費癖のある旦那に尽くす必要ないの。こういう旦那と1時間でも一緒にいられないよ。一緒にいることに、魅力がないんだよ。

パート代を足しにしていることを「仕方ない」と思っているんだろ? それって自分を粗末にしているんだ。それがいい奥さんだと思っているの。大きな間違いだよ。

まずは、自分を大事にして、キレイでいることを心がけることだよね。

はなゑ

「こんな旦那、とんでもない」「ふざけんじゃない、こんな旦那いらない」って思うようになったら、世界が変わりますよ。

Q11

子育て

小さいときから「男の子なんだから」と過剰に男であることを植え付けられ、感情を外へ出すことを咎《とが》められてきました。そんな親のしつけが嫌だったのに、つい、自分の子にも同じようなフレーズを言ってしまいます。

今の時代「男の子なんだから」というのは教育上よくないことですよね？父親として男の子をどのように育てたらいいか、ヒントをいただければ幸いです。

（税理士　30代　男性）

A

一人さん

親っていろんなことを言うんだよ。親だから正しいとは限らないの。親だって、少しくらい間違っててもいいんだよ。それより親って言うのは、小遣いをあげればいいの。小遣いをあげないでうるさいことを言うから、嫌われるの。大した金じゃなくてもいいんだよ。

たまに千円でもいいの。「お母さんには内緒だよ」って言ってね。それが子どもを喜ばせる方法だよ。

はなゑ

子どもはいろいろ知っていて、実は理解しているんです。言った後で、「ごめんな。つい言っちゃって」って謝ればいいこと。子どもが腹を立てるのは、言ってることが違っていることなの。

きちんと間違ったことは謝れば、わかってくれると思いますよ。

一人さん

お母さんが「手作りのおかしを用意したから食べてね」って言うけど、その分お金をくれて好きなものを買った方が子どもはいいんだよ。好きなものを選ぶ楽しみにもなる。

手作りを押し付けるなんて、愛の押し売りなんだよ。なんで人の心がわからないんだろう。

「うちは手料理しか食べさせない」って言う親がいるけど、子どもはマクドナルドが食べたいんだよ。

はなゑ

親は、子どもの心がわかっていないですよね。

質問の内容に戻りますが、「男の子だから〜」の、後に付く言葉が問題なのではないかしら？

いっぱい褒めてあげればいいと思うの。「男の子だから、みんなに優しくするんだよ」とか、「腕力があっていいね」とか。「我慢しな」「強くなりな」って、押し付けがましく言うから、トラウマになっちゃう。

一人さん

そうだね。「男の子だから〜」の後に何を言うか、それが問題だよね。

いい言葉、褒め言葉、うれしくなるような言葉をいっぱい付けること。

お父さんは、これを心がけてみてください。

Q12

子育て

幼稚園生の息子は、ピンク色が好きで、スカートスタイルや母親のメイク・ネイルなどに興味を示しています。これからの時代、このまま本人の好みを突き進ませていいものでしょうか？　母親の自分はなるべく寛容でいたいのですが、主人と義母からは「またそんな格好をさせて」と言われ、板挟みです。ぜひ一人さんのご意見がお聞きしたいです。

（TV局勤務　30代　女性）

A

一人さん

そんなことくらい自由にさせてあげなよ。何の問題もないよ。

はなゑ

あなたは母親だから、自分の息子を守ってください。「あなたは自慢の息子だわ」「とってもいいセンスだね」って言ってあげてほしい。

義母も旦那さんも古い考えだけど、あなたは、寛容でよかったと思うよ。

息子さんは、心が女の子かもしれないし、ファッションセンスが飛びぬけていいのかもしれない。その息子さんに「そのままでいいよ」と言って、個性を伸ばしてあげてください。

どんなときも認めてあげて、息子さんの自信を失わないようにしてあげてほしいです。

Q13

考え方

人生には「いいことが起きた後に、今度は悪いことが起きる」と言われ、その通りだと感じています。できることならば不安なことを頭から取り除き、いいことだけが起きると信じて前向きに暮らしたいのですが。考え方のヒントを教えてほしいです。

（エンジニア　50代　男性）

A

一人さん
世の中未来は明るいの。何があっても明るいんだよ。どうして、「いいことが起きた後に、今度は悪いことが起きる」なんて、信じたのかな？

はなゑ
「悪いことの後はいいことが起きる」とも言いますが、これは悪いことが起きた人への励ましかもしれないですね。

「いいことが起きたときには、またいいことが起きる。その後はもっといいことが起きる」って、一人さん教えてくれましたよね。

一人さん

これが正解なんだよ。一人さんだけじゃない、オレの周りはみんなそうだから、信じてみな。もし「悪いことが起きたら、次はいいこと、そしてもっといいことが起きるんだ」って、ね。

「いいことの後に悪いことがある」なんて言う人は、ほうっておけばいいの。問題なのは、なんで信じちゃうんだろう？　ってこと。自分にとって都合の悪いことを受け入れるって、自分を可愛がっていない証拠だよ。

自分にとって都合の悪いことは、親の言うことだって先生の言うことだって受け入れちゃいけないの。これは大切なことだよ。

Q14

人間関係

人を許すことが苦手です。どうしても自分に置き換えてしまい人の失敗に寄り添うことができません。そんな自分自身に対しても、心が狭く思いやりがないと、腹立たしく感じます。人を許せるようになるためには、どういう心持ちでいればいいですか？

（銀行員　30代　女性）

A

一人さん

人を許すことができないなら、うらみ屋とか、藁人形を代行する商売とかしてみたらいい（笑）。これは冗談だけど、なんか面白いことを考えなよ。

はなゑ

「人を許せない自分を許します」「心が狭い自分を許します」「自己嫌悪になる自分を許します」って、自分のすべてをとことん許すことじゃないかしら。あなたのせいではないの。自分を癒してあげてください。

一人さん

まぁ、とことん自分を許すしかないんだ。

Q15

人間関係

男性の上司と馬が合いません。失敗すると怒鳴られ、何か提案すると「女のくせに」とネチネチ言われます。仕事は嫌いではなく、この上司さえいなければ快適な会社です。イヤな思いをせずに、仕事を続ける方法はありますか?

(介護職　40代　女性)

A

一人さん

「あなたが嫌いだから、会社辞めます」って言ってごらん。「他に文句はないけど、あなたの愚痴がイヤです」ってね。本人に言うのが一番なんだ。それができないなら、何も言わずに会社を辞めること。ゴキブリが嫌いな人が、ゴキブリと楽しく暮らすことはできないよ。

はなゑ

処分するか、その部屋から出ていくしかない。どちらか選ぶしかないですね。

一人さん　今時、こんな横暴な人の下で働くことないよ。自分がかわいそうだよ。自分を大切にしな。働き口はいくらでもある。
だいたい、こういうことは最初にビシッと言うべき。何年も我慢していることがおかしいんだよ。

はなゑ　私なら、言われた後すぐに「それはおかしいですよ」「それはちょっとひどいんじゃないですか?」ってやわらかに言いますよ。

一人さん　オレは生まれてからそんな文句言ったことはないよ。だいたい、上司は、部下がやる気を出すためにいるんだよ。やる気が出ることを言うんだよ。思いやる心だよ。そうすれば、会社もうまく回るの。
我慢と辛抱はやめたほうがいいよ。それが正しいと聞こえちゃうから。
家で会社の愚痴を言うと、仕事が楽しいと思えなくなるんだよ。子どもにも悪影響が出るよ。
いいかい、仕事の報酬としてお金をもらっているの。上司の機嫌を取るために働いてお金をもらっているわけじゃない。

はなゑ
ホント、機嫌なんか取らなくていいんです。

一人さん
人の機嫌取るのは、重労働なんだよ。銀座のクラブでは他人の機嫌取って、わけのわからない話を聞いたら、1日5万円も10万円も稼ぐことができるんだ。
それを考えたら、普通の会社の給料は安すぎる。やる気をなくす上司は、社長としては迷惑だよ。会社のためにも、イヤなことはきちんと言っていいんだよ。

Q16

人間関係

他人に起きたいいことを素直に喜ぶことができず、どうしても自分と比べて妬んでしまいます。誰かが自分の分の幸せを奪っているという根本的な考え方を変えたいのですが、どうすれば他人の幸せを素直に喜ぶことができるのでしょうか？

（アパレル　60代　女性）

A

一人さん　わからないな～。オレは他人のことを嫉妬したり、うらやましいと思ったことは一度もないからね。

はなゑ　きっと、この人自身が不幸なんですよね。アパレル業界の人なのにおしゃれもしてないし、化粧もしてないいんじゃないかな。自分が楽しくなっちゃえば、人のことは気にならなくなるはずなのに。

「おめでとう」って言えないのは、自分が幸せじゃないからなのでは？

楽しいことをして、自分のことを喜ばせないと！

一人さん

もともと一人さんは、自分のことが忙しくて、人のことを構っていられなかった。人にいいことがあれば、「よかったね」って言うだけだったの。

それ以外考えられない。

オレは生きていて、オレより幸せな人間に会ったことないの。妬まれることはあっても、妬むことはないからね。

他の実業家にも会いたくないし、大企業の経営者にも会いたいと思わない。

なぜかって？　それは、オレの方が誰より幸せだからね。オレにとって一番の「推しメン」はオレだから（笑）。

自分と人とを比べちゃう人がいるんだよ。あの人はこれができるけど、自分はできないとかね。自分の点数が100点だろうが、5点だろうが、自分が最高なんだよ。自分がすごいの。

はなゑ

私は、人のことをうらやましいなって思うことはあるけど、それでも一番自分が幸せだと思っちゃう。よくよく考えても、自分の方が断然いい。それくらい、自分を愛しています。

一人さん

隣に東大出の人が来たって、そいつはそいつですごいけど、オレはオレですごいと思ってる。人と比べるのは、自分を低く見ている証拠だよ。

はなゑ

あなたは、自己肯定感が低いのね。ぜひ、第2章を読んで、自分を癒して、愛してあげてほしいです。

まずは、楽しいことを見つけてみてね。

楽しい妄想で現実を引き寄せる

一人さんは、妄想の天才。いろんな妄想で、みんなを喜ばせてくれます。

毎日のようにドライブに行くので、たまには事故渋滞に巻き込まれることがあります。そんなときは、「事故現場には、Tバック姿の女の子がたくさんいて、オレを待っていてくれるんだ。それまで、あともう少し、渋滞を楽しもう」なんて言って、私たちを笑わせてくれます。

少し前までは、彼女は20人と言っていた一人さんですが、今は40人の彼女がいるそう。でも、彼女を40人にするためには、100人いる妄想が必要だそうです。

妄想って、何かを成し遂げたいと決意したときに、絶対必要な能力です。「幸せになりたい」って思っても、どのように幸せになりたいか妄想しないと現実にならないでしょ？ だから、具体的な妄想をするといいですよ。

「月100万円を稼げるようになりたい」「趣味のピアノを披露できるコンサートを開きたい」「年に2回は海外旅行に行きたい」このように妄想は自由。やりたいこと、欲しいもの、夢見ていること、ぜひ妄想してみてくださいね。ただ、「妄想したら、次は行動する」。それも、一人さんから教わったことです。

「この星は〝行動の星〟なんだよ。宝くじを買わなきゃ、宝くじは当たらない。試験を受けなきゃ大学には行けない。それと同じで、一歩踏み出さなきゃ、何も得られないからね」

私も、一人さんと出会った頃は、「仕事で成功したい」「豊かになって、ブランド物をたくさん買いたい」「いつも素敵な仲間に囲まれていたい」と自分のことばかりの妄想でした。でも、一人さんの成功方法を身につけて、これらの妄想は、瞬く間に叶うことができちゃったのです。いいえ、望みが叶っただけではなく、妄想をはるかに超える、スゴい幸せを手に入れることができました。妄想して、行動に移したからこそ、得たものなのです。

そして今、私の妄想は、宇宙規模に膨らんでいます。「日本という国をもっと豊かで愛にあふれる国にしたい」「世界の人すべてが幸せになってほしい」「すべての生き物が楽しくいられるように地球を守りたい」。こんな平和にあふれた宇宙を妄想しています。

そのために、私はすでに行動に移してます！　妄想が現実になる光景を、ぜひ見ていてくださいね。

おわりに

最後までこの本を読んでくれて、ありがとう。
「一人さん」こと斎藤一人です。

今回の本では、一人さんの美学、
そして、はなゑちゃんの美学を
伝えてみました。

これは、一人さんのこだわりであり、
はなゑちゃんのこだわりだから、
これを読んで、参考にして
あなたなりの美学を見つけることだよ。

ただね、成功した人、幸せな人の美学を
真似た方がいいよね。
その方が、遠回りせずに早く幸せになれるからね。

自分の美学があると、何があっても揺らぐことはない。
「そのままの自分」でいられる。
自分軸で生きると、何をするのでもラクでいられるよ。

この本を読んで、あなたが今まで背負っていた
重荷を下ろして、ふわふわと軽く生きられますように。

愛を込めて 斎藤一人

斎藤一人さんの公式ブログ

https://ameblo.jp/saitou-hitori-official/

一人さんが毎日、あなたのために、
ついている言葉を日替わりで載せてくれています。
ぜひ、遊びに来てください。

舛岡はなゑさん最新情報

舛岡はなゑさんの最新情報については以下をご確認ください。

YouTube
舛岡はなゑ はなちゃんねる

［ブログ］
https://ameblo.jp/tsuki-4978/

［インスタグラム］
https://www.instagram.com/masuoka_hanae/

斎藤一人（さいとう・ひとり）

東京都生まれ。実業家・著述家。ダイエット食品「スリムドカン」などのヒット商品で知られる化粧品・健康食品会社「銀座まるかん」の創設者。1993年以来、全国高額納税者番付12年間連続6位以内にランクインし、1997年と2003年には日本一になる。土地売買や株式公開などによる高額納税者が多い中、事業所得だけで多額の納税をしている人物として注目を集めた。高額納税者の発表が取りやめになった今でも、着実に業績を上げている。また、著者としても「心の楽しさと経済的豊かさを両立させる」ための本を多数出版している。『眼力』（サンマーク出版）、『強運』（PHP研究所）、『仕事と人生』（SBクリエイティブ）、『私は私』（サンマーク出版）、『一日一語　令和編』『明るい未来の作り方』（ぴあ）など著書は多数。

舛岡はなゑ（ますおか・はなえ）

東京都江戸川区生まれ。実業家。斎藤一人さんの弟子の一人。病院の臨床検査技師を経て、喫茶店「十夢想家」を開く。偶然、来店した一人さんから「精神的な成功法則」と「実践的な成功法則」の両方を学び、その後女性実業家として大成功を収める。東京都江戸川区の長者番付の常連に。現在、「一人道セミナー」、「美開運メイク」など、全国での講演活動も精力的に行っている。著書に、『斎藤一人 この先、結婚しなくてもズルいくらい幸せになる方法』（KADOKAWA）、『男を上げる女　女を上げる男』『同じことをしてもうまくいく人　いかない人』（ぴあ・共著）などがある。

「銀座まるかん」の商品の問い合わせは、以下まで。

『オフィスはなゑ』　TEL.03-5879-4925

斎藤一人

男の美学 女の美学

2023年6月30日　初版発行

著者	斎藤一人 舛岡はなゑ
発行人	木本敬巳
企画・原稿・編集	相川未佳（M&A）
編集	林由希子 山田真優
装丁・デザイン	金井久幸＋横山みさと（TwoThree）
DTP	TwoThree
校正	竹田賢一（DarkDesign Institute）
発行・発売	ぴあ株式会社 〒150-0011 東京都渋谷区東1-2-20 渋谷ファーストタワー 03-5774-5262（編集） 03-5774-5248（販売）
印刷・製本	中央精版印刷株式会社

ISBN978-4-8356-4678-7